Ötscherland

Gisela Hopfmüller · Franz Hlavac

Ötscherland

Erleben mit allen Sinnen

styria regional

Inhaltsverzeichnis

Vorwort
Vom Erinnern zum Erleben

Am östlichen Ortsrand von Amstetten steht die kleine gotische Kirche St. Agatha auf einem Hügel, Apfel- und Mostbirnbäume gruppieren sich malerisch auf der Wiese daneben. Wir wollen hier unsere Annäherung an das Ötscherland beginnen, auch wenn Amstetten etwas entfernt davon liegt. Franz ist in Amstetten geboren und kennt deshalb auch einiges von der Gegend rund um den Ötscher von Ausflügen in Kindertagen. Er hat eine Menge Erinnerungen daran. Amstetten als geistige Startrampe ins Mostviertel und damit auch ins Ötscherland.

Als Kärntnerin dagegen liegt einem diese Gegend des niederösterreichischen Alpenvorlandes nicht sehr nah. Wer in seiner Jugend Kärntner Berglandschaft vor Augen hatte, den führte der Weg nicht von vornherein zum Ötscher. Alles Neuland also. Die Neugierde ist deshalb groß. Franz bekommt leuchtende Augen, als wir über die Wiese hinauf zu dem Kirchlein steigen, bei dem er schon als kleiner Bub mit Eltern und Großeltern oft war. Ein Mann sammelt Äpfel und Birnen ein.

„Entschuldigung, wohnen Sie hier?" Der Mann nickt.

„Ich habe als Kind mit meinen Eltern ganz in der Nähe gewohnt, Franz Hlavac mein Name. Haben Sie vielleicht meine Eltern gekannt?"

Jetzt ist der Mann mit dem Fragen dran: „Wart ihr die aus der Preinsbacherstraße?" Franz nickt begeistert. Der Mann lächelt: „Ich bin Leopold Düchler. Vor dem Krieg, da war ich ein Schüler Ihres Vaters! Und dann auch Ihrer Mutter! Ihr Vater hat uns Schülern auch immer gezeigt, wie man Trompete bläst!"

„Das hat er immer gern getan! Können wir Ihnen

helfen, die Eimer mit den Äpfeln hinaufzutragen?"
„Nein, nein! Das hält jung! Raten Sie, wie alt ich
bin!"
„Ende 70?" – „Aber nein, ich bin 87!"
Mit einer zufälligen Begegnung und ein paar
Sätzen unter Obstbäumen ist die Welt zum sprich-
wörtlichen Dorf geworden. Jetzt werden Franz'
Kindheitserinnerungen ganz dicht. Herr Düchler
sperrt uns die Kirche auf.
„Da, das barocke Altarbild, da wird der heiligen
Agatha die Brust abgeschnitten. Als Bub konn-
te ich kaum hinschauen, so grauslich war das für
mich! Und da, bei dieser Seitentür, da hat mein
Großvater meine Schwester und mich fotografiert!"

Bald danach spazieren wir den Hauptplatz von
Amstetten entlang, vorbei an der Bronzefigur des
Wolfes, des Wappentiers der Stadt, vorbei an den
Cafés und Geschäften.
„Wie seid ihr denn in den 1950er-Jahren von hier
ins Ötscherland gefahren?"
„Mit dem Autobus. Du weißt, meine Eltern wollten
doch immer schöne Kirchen anschauen."
„Aber sie haben auch die Natur sehr geliebt!"
„Stimmt! Auf Lehrerfortbildung waren sie im-
mer wieder am Lunzer See. Oder wandern im
Ötschergebiet. Und als Naturgeschichteprofessor
hatte mein Vater noch eine Leidenschaft: Steine
sammeln. Meine Großeltern sind regelmäßig nach
Mitterbach am Erlaufsee zur Sommerfrische gefahren, mit Abstechern hinüber nach Mariazell! Da
haben wir sie immer wieder besucht."
„Und später, als ihr nach Wien übersiedelt seid?"
„Da war ich acht Jahre alt. Aber irgendwie bin ich
der Gegend verbunden geblieben. Als Student war

ich da oft Ski fahren, am Annaberg oder am Eibl
bei Türnitz. Und natürlich am Ötscher. Auch mit
einem Sohn des Primars, der mich in Amstetten auf
die Welt befördert hat."
„Gibt's noch alte Fotos?"
„Mal sehen!"

Zurück in Wien kramt Franz in Schachteln und
fördert etliche Fotos und Ansichtskarten zuta-
ge. Und alte Broschüren über Lunz, Lackenhof,
Mitterbach, die Mariazellerbahn. Plötzlich hat er
ein kleines Abzeichen von einer Spendenaktion für
die neue Pummerin in der Hand. Die alte Glocke
des Stephansdoms in Wien war ja beim Brand des
Doms im April 1945 heruntergestürzt und zerbors-
ten. Für eine neue Glocke wurde gesammelt.
„Als Ende April 1952 die neue Pummerin von der
Gießerei in St. Florian in Oberösterreich am Weg
nach Wien auch durch Amstetten gefahren wurde, war ich vier Jahre alt. Ich habe eine Zeichnung
der Glocke dem Franz König überreicht. Der ist ja
dann im August desselben Jahres zum Bischof von
St. Pölten geweiht worden – der spätere Kardinal."
„Na bitte! Wieder eine Verbindung zum
Ötscherland: Franz König ist doch im Pielachtal
geboren!"
So tauchen wir in die Geschichte der Gegend ein,
sind rasch ganz angetan von den interessanten
Geschehnissen und Orten, von der Geschichte
und der Gegenwart des Ötscherlandes. Wir sind
seit Jahren nicht so viel gewandert wie in diesem
Jahr des Entdeckens und wir haben noch nie so
viele Bäche und Wasserfälle bestaunt. Zum ersten Mal in unserem Leben sind wir Ballon gefahren und haben die Schönheit der Gipfel, Täler und

Schluchten auch von oben bewundert. Wir haben außergewöhnliche Kunstschätze vorgefunden, gotische Kirchen zum Beispiel, die uns begeistert haben. Wir haben viele gastfreundliche Menschen kennengelernt. Und wer uns kennt, der weiß, dass die kulinarischen „Recherchen" nicht fehlen durften. Wir sind „süchtig" geworden nach Schafkäse und den süßen Scheibbser Kugeln, haben mit Begeisterung Mostbratl und Mostpudding gekostet und sind nun überdies Fans der Früchte namens Dirndln. Sensorische Most- und auch Bieranalysen

waren durchaus überzeugend. Und wir haben gelernt, dass man sowohl der sommerlichen Hitze als auch dem herbstlichen Nebel der Ebene wunderbar im Ötscherland entfliehen kann. Wir haben die Region voller Genuss mit allen Sinnen erlebt!

Der Ötscher –
ein sympathischer Riese

„Das ganze Pfingstwochenende sonnig und heiß. Temperaturen bis zu 32 Grad." Wir sitzen im Auto und hören mit Freude die Wettervorschau von ORF Radio Niederösterreich. Die Entscheidung für einen Ausflug zum Ötscher an diesem Pfingstwochenende war richtig.

„Um ein Buch über das Ötscherland zu schreiben, müssen wir am Ötscher gewesen sein."

„Ganz hinauf auf den Gipfel? Auf 1893 Meter?"

„Ganz auf den Gipfel!"

„Mit meiner Höhenangst?"

„Denk einfach nicht dran, wahrscheinlich ist der Weg hinauf ab dem Lackenhof und der Bergstation des Doppelsessellifts auch gar nicht schlimm."

„Dein Wort in Gottes Ohr – und in meines, wegen dem Gleichgewicht beim Gehen."

„Wir schauen einfach, wie weit wir kommen."

„Ihr Männer habt doch was Tröstliches. Aber fein wär es schon, dort oben die Aussicht zu genießen!"

Wir hatten vor dem Ausflug in unseren vielen Büchern und im Internet gestöbert und eine Menge über dieses Bergmassiv gefunden, das sich so eindrucksvoll zwischen Scheibbs und dem steirischen Mariazell erhebt. Bei gutem Wetter ist der Ötscher aus 100 Kilometern Entfernung zu sehen. Er ist Teil der Nördlichen Kalkalpen und der östlichste Teil der Ybbstaler Alpen. Ein Kalkstock, so wissen die Geologen, über Millionen von Jahren zerfurcht von Wasser. Bizarre Karstformen, Höhlen, Schluchten, für Wissenschafter spannend wie Krimis, für Wanderer, Bergsteiger und Skifahrer eine freudvolle Herausforderung, von Sagen umwoben, voller Kraftplätze.

Über den Namen finden wir Verschiedenes: Da steht etwa zu lesen, dass sich im 9. Jahrhundert, als die Slawen in der Gegend siedelten, in einer Grenzbeschreibung der Pfarre Steinakirchen erstmals das Wort „Othza", der Vaterberg, findet. An anderer Stelle heißt es, bereits die Kelten (400 v. Chr.) hätten dem Berg den Namen „ocan" für Vaterberg gegeben. Der Volksmund habe ihn später „Hetschaberg" oder „Hetscherlberg" (nach „Hetscherl", der Hagebutte) genannt. Auf dem dicht mit Dornengestrüpp bewachsenen Berg hätten Hexen ihr Unwesen getrieben.

Mit derlei Wissen bewaffnet fahren wir nach **Lackenhof**. Das Dorf ist aus einem Meierhof der Kartause Gaming entstanden, die einen Fischteich hatte, also ein „Hof an der Lacke". Später wohnten hier Holzknechte.

Heute ist der Ort im Sommer nicht von Überbevölkerung bedroht. In der winterlichen Skisaison, wenn alle sechs Lifte in Betrieb sind, ist das anders. Jedenfalls an Wochenenden und in Ferienzeiten. Da herrscht dann ordentliches Gedränge.

Natürlich treibt das schöne Pfingstwetter nicht nur uns ins Grüne und zum Wandern, aber auf dem Parkplatz bei der Talstation des Sessellifts „Großer Ötscher" ist jede Menge Platz. Also: die Wanderschuhe angezogen, der Rucksack mit leichten Anoraks (man weiß ja nie), Wasserflasche und den selbstgemachten Fleischlaibchen zur Stärkung befüllt und schon sitzen wir am Doppelsessellift für die erste Ötscher-Etappe.

Ganz ruhig ist es bei dieser morgendlichen Liftfahrt. Nur ein Konzert zwitschernder Vögel ist zu hören.

„Was für Tiere werden wir heute am Berg sehen? Gämsen, Murmeltiere?" – „Glaub ich nicht!"

„Einen Ötscherbär?"

„Glaub ich schon gar nicht. Die Geschichte mit den Bären ist lang vorbei!"

1972 wanderte ein Bär aus Slowenien zu und wurde zum viel zitierten „Ötscherbär". 1989 und 1992/93 wurden im Zuge des Bärenprojektes des WWF drei Bären ausgewildert. Seitdem hat sich die Population vermehrt. Die zugehörige Psychologie der Menschen ist aber höchst unterschiedlich: Einerseits wurde der Ötscherbär zu einer Tourismusmarke der Region, andererseits waren die Tiere von manchen gar nicht gerne gesehen. Furcht vor Begegnungen, gerissene Schafe waren eben Tatsachen. Die meisten Bären – nämlich zwölf – gab es in den Nördlichen Kalkalpen laut WWF im Jahr 1999. Danach weiß die Chronik der Tierschützer von zahlreichen „ungeklärten Abgängen" zu berichten, teils durch Abwanderung, teils durch natürlichen Tod, teils wohl durch illegalen Abschuss. „Seit 2011 muss davon ausgegangen werden, dass die Population erloschen ist", steht in der Chronologie des WWF. Der letzte Ötscherbär hieß übrigens Moritz. Wir brauchen also bei unserer Sesselliftfahrt gar nicht nach unseren Lieblingstieren Ausschau zu halten.

Manchmal sind Assoziationsketten von Männern ziemlich unterhaltsam, wie der nächste Satz von Franz beweist:

„Als der Ötscherbär in den 1970er-Jahren eingewandert ist, war ich auch oft da, zum Skifahren in meiner Studentenzeit."

„Da bin ich daheim in Kärnten Ski gefahren. Und wie war es hier?"

„Immer eiskalt beim Hinauffahren und die Piste war ziemlich anspruchsvoll. Aber es hat Spaß gemacht!

Die Lifte weiter vorne, die auf den Eibenkogel führen, die gab es noch nicht."

Tagesausflügler schätzen das Skigebiet heute noch, inzwischen ist es auch für Familien zunehmend attraktiv geworden. In die Liftinfrastruktur hat auch ÖSV-Präsident Peter Schröcksnadel mit einer seiner Firmen investiert. Sogar in Tschechien wurde die Werbetrommel gerührt und die ehemalige Eisschnellläuferin Emese Hunyady betätigte sich als „Ötscherbotschafterin" in Ungarn. Tatsächlich haben wir in Lackenhof zahlreiche ungarische und tschechische Gäste ausgemacht.

Die Bergstation beim Ötscherschutzhaus ist erreicht: 1410 m Seehöhe. Dort drüben das Schild, das den richtigen Weg weist: *Ötscher 1½ Stunden*. Das müsste doch zu schaffen sein, selbst wenn wir aus Erfahrung wissen, dass wir für Wanderwege jeglicher Art immer viel länger brauchen, als die Schilder jeweils mitteilen. Aber zunächst einmal peilen wir das Panoramafernrohr an. Wegzeit laut Schild: eine Viertelstunde. Nach einer Viertelstunde sind wir zwar noch nicht beim Fernrohr, sondern auf einer steilen Almwiese, auf der ein Paragleiter eben letzte Vorbereitungen für einen Start trifft. Gleich rennt er los, der Schirm faltet sich auf und schon hebt er ab. Die Thermik trägt den roten Schirm mit dem jungen Mann hoch hinauf, nicht über die sprichwörtlichen Reinhard Mey'schen Wolken, die sind nämlich heute nicht da, aber in die Luftströmungen über Lackenhof und die umliegenden Wälder. Das muss ein feines Gefühl sein, so zu gleiten.

Wir bleiben bei der Bodenhaftung und haben nach insgesamt einer halben Stunde (statt der angegebenen Viertelstunde) die Anhöhe er-

reicht, auf der das Panoramafernrohr steht. Da ist er, der Ötscherbär! Allerdings nur als eiserne Skulptur. Schade. Der Ausblick ist jedenfalls auch ohne Nutzung des Fernrohrs prachtvoll: Das Bergpanorama südlich des Ötschers spannt sich in der Vormittagssonne in den unterschiedlichsten Grün- und Grauschattierungen auf. Wir betrachten unsere Wanderkarte. Rechts hinauf geht es weiter in Richtung Ötschergipfel.

„Da steht ‚Alpintour' neben dem gestrichelten Weg."

„Macht nix, wir schauen einfach, wie weit wir kommen!"

Eine weitere halbe Stunde später fließt unser Schweiß bereits in Strömen. Ruhepausen werden durch das Fotografieren von Berganemonen, Trollblumen und Enzian als unerlässlich getarnt.

„Dieses Blau des Enzians hat mich immer schon begeistert!"

„*Gentiana clusii* – Clusius-Enzian."

„Du kennst den lateinischen Namen? Weil dein Vater Naturgeschichte unterrichtet hat?"

„Genau! Ein echter Alpen-Enzian. Weil er auf kalkhaltigem Untergrund wächst, auch ‚Stängelloser Kalk-Enzian' genannt."

„Ich entdecke immer neue Kenntnisse bei dir! Und warum *Clusius*?"

„Carolus Clusius, ein Arzt und Botaniker, gilt als Erstbesteiger des Ötschers. Er hat diesen Enzian auch als Erster beschrieben. Das war im 16. Jahrhundert!"

Wir haben gerade Handyempfang, also verfeinern wir mitten am Berghang per Internet unseren Wissensstand: Charles de l'Écluse (1526–1609) oder Carolus Clusius, wie der Name nach Renaissancemode latinisiert wurde, gilt als Begründer der modernen Botanik. 1574 bestieg er gemeinsam mit dem Mathematiker Paul Fabricius

und dem Arzt Johann Aichholz erstmals den Ötscher. Es entstand dabei nicht nur die erste Ötscherkarte auf Basis astronomischer Ortsbestimmung, sondern es wurde vor allem auch die Alpenflora erforscht. Im Jahr zuvor war Clusius von Kaiser Maximilian II., einem Neffen Karls V., als Hofgärtner nach Wien berufen worden. Viele vorher unbekannte Pflanzenarten hielten durch ihn dort Einzug. Während des Aufstiegs auf den Ötscher hat Fabricius für Clusius ein Gedicht geschrieben, das folgendermaßen beginnt:

Carole dum lustras loca plena virentibus herbis,
in medio fessos colle morare pedes.

(Während Du, Karl, Gefilde durchwanderst, die voll sind von grünenden Gräsern,
lass die müden Füße mitten auf dem Berg verweilen.)

„Das nenne ich tüchtige Humanisten, denen geht am Berg nicht die Luft aus, sie dichten auch noch!"

Apropos müde Füße: Unser Aufstieg führt nun immer steiler hinauf, es wird immer steiniger. Das Gestein erinnert uns an den Karst hinter Triest. Na klar, es sieht nicht nur aus wie Karstgestein, es ist Karstgestein. Wie Karst entsteht? Die meist aus Gips und Kalk aufgebauten Karstgesteine werden durch Kohlensäure gelöst, die aus dem im Wasser befindlichen Kohlendioxid entsteht. So bilden sich auch unterirdische Gänge und Höhlen. Das Ötscher-Höhlensystem ist mit etwa 27 Kilometern vermessener Länge sehr beachtlich. In so eine Höhle wollen wir auch irgendwann. Jetzt steigen wir aber erst einmal über die zerfurchten Gesteine und finden sie überaus malerisch. Unsere untrainierten Muskeln

zeigen erste Protesterscheinungen. Schwitzen, Mühsal – aber immer wieder ein fantastischer Ausblick.

„Nein, da hinunter kann ich nicht schauen. Das ist sooo steil! Wenn ich da runterschaue, gehe ich keinen Schritt weiter!"

„Bis zu der verwitterten Fichte dort oben gehen wir, dann gibt's eine Pause. Schauen wir einmal, wie weit wir dann kommen."

Also gut. Hinter der verwitterten Fichte geht der Weg auch für Höhenangstgeplagte wieder ganz friedlich weiter. Die Schwächephase ist überwunden. Die Muskeln scheinen ihren Protest aufgegeben zu haben – jedenfalls zwischenzeitlich. Wahrscheinlich schütten auch untrainierte Körper bei derlei Anstrengungen ein Glückshormon aus, das Schmerzen und Schwäche vergessen lässt. Dann wechselt das Gelände wieder auf sehr steinig und viel steiler. Aber immerhin wachsen da Latschen, an denen man sich notfalls festhalten kann. So hoch sind wir schon!

„Jetzt sieht man dort schon das Gipfelkreuz!"

„Durchs Teleobjektiv betrachtet ist es überhaupt schon ganz nah!"

Sarkasmus wird von dem wunderbar blauen Himmel und dem nicht minder wunderbaren Blick auf die Welt weit draußen und unter uns sofort vertrieben. Der Weg rückt wieder nahe an einen steilen Abhang.

„Dort drüben, wo es wieder breiter wird, muss ich mich mal niedersetzen!"

„Sollen wir umkehren?"

„Schauen wir mal, wie weit wir noch kommen!"

Ein paar Schlucke Wasser und ein Apfel und dann die Erkenntnis: Man kann doch nicht umkehren, wenn das Gipfelkreuz schon zu sehen ist.

„Schau, da rechts, eine Doline!"

Solche Karsttrichter sind entstanden, wenn unterirdische Hohlräume weit in der geologischen Vergangenheit einbrachen. Diese Doline hier ist klein, aber malerisch. Es liegt noch Schnee drin. Der Gott der Wanderer hat nun ein Einsehen mit uns, denn der letzte Abschnitt zum Gipfel ist ein angenehmes Gehen über einen ziemlich sanften Hang, fast wie eine schräge Hochebene. Die zittrigen Muskeln signalisieren: Na gut, bis da oben spielen wir noch mit. Noch ein kurzer steilerer Anstieg und wir stehen beim Gipfelkreuz! Für geübte Wanderer mag es lächerlich klingen, aber wir sind stolz auf uns! Dass wir für den Aufstieg statt eineinhalb etwa zweieinhalb Stunden gebraucht haben, trübt unsere Freude in keiner Weise. Schließlich haben wir auch viele Fotostopps gemacht, finden wir, der Selbsttäuschung nicht abhold.

Vor dem Gipfelkreuz liegt noch ein kleines Schneefeld. Rundum sitzen Wanderer in kleinen Gruppen und machen einen nicht minder zufriedenen Eindruck. Wir genießen den 360-Grad-Blick über die Maßen: Scheibbs ist zu erkennen, dort drüben der Raue Kamm (der östliche und bergsteigerisch viel anspruchsvollere Anstieg zum Ötscher), gleich dort unten liegen die Ötschergräben, dahinter weiter in Richtung Süden die Mitterbacher Gemeindealpe. Aber man sieht noch viel weiter, denn es ist ein klarer Tag und die Sicht reicht bestimmt hundert Kilometer weit. Ein Panorama der Sonderklasse! Der Ötscher, der Vaterberg, hat uns freundlich in seine Fangemeinde aufgenommen!

* * *

„Magst du Wasserfälle?"

„Ich liebe Wasserfälle! Große, hohe, imposante Wasserfälle!"

„Dann gehen wir zum **Trefflingfall**! Ich habe gelesen, das ist einer der höchsten Wasserfälle Niederösterreichs, wenn nicht überhaupt der höchste. Der Trefflingbach stürzt über verschiedene Kaskaden an die 120 Meter tief hinunter in die Erlauf. Ein Highlight im Naturpark Ötscher-Tormäuer!"

„Klingt toll. Wann gehen wir?"

„Morgen!"

Die Wettervorschau ist – wie so oft in diesem Sommer – nicht berauschend. Aber da es ja bekanntlich kein schlechtes Wetter, sondern nur schlechte Ausrüstung gibt, machen wir uns trotzdem auf den Weg. Mit dem Auto hinauf nach **Puchenstuben**, von dort hinunter nach **Sulzbichl**, vorbei am „Gasthaus Trefflingtalerhaus", dessen kulinarischen Verführungen wir vorerst widerstehen. Ganz unten bei der „Trefflingtalerhütte" wird das Auto abgestellt. Es nieselt leicht. Die Anoraks angezogen, die Kapuzen über den Kopf und los geht's! Nach ein paar Minuten des Weges entlang dem Trefflingbach hört das Nieseln auf. „Siehst du, wir sind Glückskinder!"

Ganz flach führt der Weg uns die ersten 20 Minuten den Bach entlang. Das Grün des Waldes ist intensiv, die Blumen am Wegrand tragen Wassertropfen, trotzdem sind ein paar eifrige Hummeln unterwegs. Jetzt beginnt der Weg abzufallen, wie daneben der Bach, der schon die ersten kleinen Kaskaden bildet.

Immer näher kommt das Tosen, das entsteht, wenn Wasser zu Tal stürzt. Jetzt ist es so laut, dass eine Unterhaltung schwierig wird. Immer steiler wird der Weg, in Serpentinen führt er bergab, neben dem immer eindrucksvoller werdenden Wasserfall. Treppen und kleine Brücken eröffnen immer neue, faszinierende Ausblicke auf das Wasser, das sich da steil die Felsen hinunter seinen Weg bahnt. Senkrecht, quer, schräg, in mehreren Bahnen, aufspritzend, Mulden, Höhlen und weißsprudelnde Girlanden bildend, entlang an Felswänden mit malerischen Schichtformationen – wir können uns nicht sattsehen. Ein Naturschauspiel der besonderen Art!

Unten, wo der Trefflingbach nach seinem tiefen Fall in die Erlauf mündet, lesen wir auf einem Schild, wem wir die Betrachtung des Wasserfalls aus nächster Nähe verdanken: „Franz Baresch, der 33 Jahre in Puchenstuben als Oberlehrer wirkte, hatte angeregt, dass der Trefflingfall im Jahre 1886 durch Steig und Steg zugänglich gemacht wurde." Wahrlich dankenswert! Wir schauen hinauf, den Wasserfall entlang, und überlegen, wem von unseren Freunden diese Begegnung mit dem stürzenden Wasser noch Freude machen würde. Und wir kommen zu dem Schluss: allen! Auf einem Schild steht zu lesen: *Trübenbach 1,15 Std.* Auf einem anderen: *Jausengaststätte Stöger „Alte Schule" Trübenbach*. Uns fällt ein: Dort gibt es doch ein Holzknechtmuseum. Das wollen wir auch ansehen. Also ist rasch entschieden: Wir gehen weiter in Richtung Trübenbach. Auch wenn sich die Sonne nicht sehen lässt, ist der Weg sehr malerisch. Die Erlauf unter uns, die Felsen und die dichten Wälder rundum – all das hat viel Urtümliches.

Hier wie in den anderen riesigen Waldflächen rund um den Ötscher hatte die Forstwirtschaft seit je eine große Bedeutung. Jahrhundertelang wurde viel vernichtet. Ab 1533 gab es eines der ältesten Waldgesetze für Niederösterreich, laut dem alle „Schwarz- und Hochwälder" unter die Aufsicht eines Bergrichters gestellt wurden, doch nicht zur Walderhaltung, sondern um das für den Betrieb der Berg- und Hüttenwerke nötige Holz sicherzustellen. Erst Maria Theresia erließ 1766 eine Waldordnung, die auch auf Walderhaltung ausgerichtet war. Kein Wunder, war doch der Holzbedarf im Zuge des Beginns der Industrialisierung stark gestiegen. Die Eisenindustrie, die Glashütten, aber auch die Reichshauptstadt Wien benötigten immer mehr Holz. Ganze Schluchten rund um den Ötscher wurden abgeholzt. Über sogenannte „Riesen", das waren rutschbahnartige Rinnen, und auf den Flüssen wurde es in Richtung Donau transportiert, das heißt geschwemmt und getriftet. So auch auf der Erlauf. In kleinen hölzernen Stauanlagen, den Klausen, wurde das Holz zwischengelagert und dann mit dem angestauten Wasser im Frühjahr in die größeren Flüsse geschwemmt.

Wir kommen oben in **Trübenbach** bei der „Alten Schule" natürlich nicht in eineinviertel Stunden an, sondern – ziemlich verschwitzt – nach eindreiviertel Stunden. Aber wir sind es ja schon gewöhnt, langsamer unterwegs zu sein, als es jene geübten Wanderer vorsehen, die die Markierungen schreiben. Wir entdecken gleich die alte Volksschule und betreten den Raum, der einst Klassenzimmer war und jetzt Gastraum der kleinen „Jausenstation Stöger" ist. „Wo bitte finden wir das Holzknechtmuseum?", fragen wir die Wirtin. „Hinten in dem Holzhaus", lautet die Antwort. Eine schmale Stiege hinauf, in zwei Räumen sind sie gesammelt, die Werkzeuge, mit denen die Holzknechte einst ihre mühselige Arbeit ausführten, die Zugsägen, Hacken, Bohrer, aber auch Schlitten und uralte Skier, die Eisenpfannen, in denen die Mahlzeiten über dem offenen Feuer zubereitet wurden, und vieles mehr. Schwarz-Weiß-Fotos dokumentieren das Triften und Schwemmen der Baumstämme, das Öffnen der Klausen, das Bauen der Riesen. Die alte Zeit wird ganz lebendig. Zurück in den Gastraum stellt die Wirtin mit einem Schafkäsebrot unsere Kräfte für den Rückweg wieder her. Rundum an den Wänden Erinnerungsstücke an die „Alte Schule" und Fotos. „1975 ist die Schule geschlossen worden", bekommen wir erklärt. Mangels einer ausreichenden Anzahl an Kindern.

Die Panoramastraße entlang geht es nun zurück an unseren Ausgangspunkt, den Parkplatz bei der „Trefflingtalerhütte". Unterwegs eröffnet sich immer wieder der Blick auf den Ötscher, immer dichter ziehen sich die Wolken zusammen, der Gipfel verschwindet. Es beginnt zu regnen. Aber wir sind so voller Eindrücke, dass uns das gar nicht stört. Jetzt wird das Gasthaus „Trefflingtalerhaus", ein paar Schritte von der „Trefflingtalerhütte", beide bewirtschaftet von der Familie Heinz, nun doch als Genusspunkt entdeckt. Egal, ob die Spezialitäten vom Schaf oder vom Wild kommen, für Gaumenfreude ist dort in jedem Fall gesorgt.

* * *

„Am schönsten sind die **Ötschergräben** im Herbst!" Dank solcher Tipps warten wir bis Oktober mit

Holzknechtmuseum Trübenbach | Holztrift 1911 beim Holzrechen vor dem Trefflingfall

entsprechenden Ausflügen. Für den ersten nehmen wir die Einladung zu einer Führung an. Von **Wienerbruck**, dem üblichen Startplatz für Wanderungen in die Ötschergräben, soll es hinuntergehen bis zum Kraftwerk Stierwaschboden. Gleich beim neuen Naturparkzentrum „Ötscher-Basis" begrüßt die Bürgermeisterin von Annaberg, Petra Zeh, die Gruppe (Wienerbruck gehört zu ihrer Gemeinde), dann wird unter Führung der Natur- und Kulturvermittlerin Claudia Kubelka der Weg vom Wienerbrucker Stausee hinunter in den Graben in Angriff genommen.

Als Obfrau der Kultur- und Geschichtsgemeinschaft ist Frau Kubelka versiert in allem, was die Gegend betrifft. Nun weist sie uns auf den Artenreichtum der Pflanzenwelt hin, zeigt uns das Mädesüß, das Acetylsalicylsäure (der Wirkstoff im Aspirin) enthält, oder den Beinwell, der die Wundheilung fördert, oder das kleinblütige Weidenröschen, ein Helfer bei Prostataleiden. Dann wird der Weg steiler, führt durch einen Wald, in dem das Herbstlaub in der Sonne bunte Effekte setzt. Unter uns ein Bach, dann rauscht der erste Wasserfall, der Kienfall, neben uns herunter. Frau Kubelka deutet auf ein kreisrundes Loch im Bachbett: „Solche Auswaschungen werden Steinmühlen genannt." Der Weg wird schmäler und steiler und führt nun teils auf Holzstegen durch eine bizarre Felskluft bergab. „Das ist nun der Lassingfall! Etwa 90 Meter ist er hoch." Hier ist der Ausblick auf den Wasserfall gleich eindrucksvoll wie der Blick die Schlucht entlang mit ihren bizarren Felsformationen.

Bald ist der tiefste Punkt unserer Wanderung erreicht: das kleine Wasserkraftwerk Stierwaschboden, ein Speicherkraftwerk, das 1911 eröffnet wurde, um Strom für die Elektrifizierung der Mariazellerbahn zu liefern. Es war damals das größte Speicherkraftwerk Österreich-Ungarns. Gespeist wird es von Lassingbach und Erlauf. Wir dürfen in den Turbinenraum, denn das Kraftwerk ist auch ein Schaukraftwerk. Die drei Pelton-Turbinen und die ältere Francis-Turbine werden von der EVN-Zentrale in Maria Enzersdorf aus gesteuert. In nur drei Minuten kann so der „Stierwaschboden" zur vollen Leistung von etwa 5 MW hochgefahren werden, zum Beispiel, wenn zusätzlicher Strom für das öffentliche Netz der Gegend nötig ist. Gleich hinter dem Kraftwerk Stierwaschboden führt der Weg weiter ein Stück die Erlauf entlang bis zum Ötscherbach und dem Vorderen Ötschergraben. An diesem Tag ist es aber schon zu spät, um hier weiterzugehen.

* * *

Wir wollen beim nächsten Mal von der **Erlaufklause** aus in die Ötschergräben gehen. Bei der gleichnamigen Station der Mariazellerbahn stellen wir das Auto ab, wandern gemütlich den Erlaufstausee entlang, dann am Hagengut vorbei, ehe der Weg als Waldsteig voller Wurzeln rechts abbiegt und dann rasch bergab führt, vorbei an einer kleinen Mühle. Nach etwa einer Stunde sind wir unten im Graben angekommen, bei der Jausenstation „Ötscherhias". Die gibt es seit den 1930er-Jahren und sie bekam ihren Namen, weil jeder, der in dieser Einschicht eine Jausenstation aufmachte, wo doch nie ein Geschäft zu machen wäre, wohl ein „Hiasl" (Trottel) sein musste. So befanden jedenfalls damals viele „freundliche" Mitbürger – ein Irrtum, bis heute. Was uns unterwegs schon aufgefallen ist, verdichtet sich hier unten: Eine wahre Völkerwanderung von Naturliebhabern nützt

den sommerlich warmen Sonntag zum Begehen der Ötschergräben. Der „Ötscherhias" ist in eine Palatschinken-Duftwolke gehüllt. Die müssen gut sein, sonst würden sie nicht so viele gerade hier essen. Wir werden sie am Rückweg probieren. Jetzt wollen wir nach links weiter, in den Hinteren Ötschergraben bis zum Mirafall. Ein felsiger Weg, fallweise Holzstege, leicht bergauf und bergab, immer mit fantastischen Ausblicken auf Ötscherbach und Felswände, malerische Formationen. Ungewöhnlich warm für Mitte Oktober scheint die Sonne. Mal sind wir ganz allein, mal gleicht der Weg einer Ameisenstraße, so viele Wanderer sind unterwegs. Nach etwa einer halben Stunde sind wir da: Der Mirafall hält, was die Beschreibungen uns versprochen haben. 80 Meter hoch ist er, das Wasser stürzt über grün veralgte Felsen und bildet Schleier und Nebel. Ein herrliches Schauspiel! Wir setzen uns und sinnieren: Die Ötschergräben, wie wir sie erleben, sind einzigartig schön. Warum aber müssen sie als „Grand Canyon Österreichs" vermarktet werden? Sie sind doch selbst attraktive Marke genug! Am Rückweg zeichnet die sinkende Sonne wieder neue Ornamente auf die Felsen.

„Woran erkennen wir, dass wir uns dem ‚Ötscherhias' wieder nähern?"

„Keine Ahnung!"

„Es beginnt nach Palatschinken zu riechen!"

„Aber wir wollten doch noch in die andere Richtung ein Stück gehen?"

„In Ordnung!"

Auch in Richtung des Vorderen Ötschergrabens ist das Ambiente nicht weniger eindrucksvoll. Noch schmäler der Graben, noch enger stehen die Felsen am Bach, bunt schimmert das Gestein in vielen Tönen. Wir kehren um. Es beginnt wieder nach Palatschinken zu riechen. Jetzt wollen wir aber welche. „Können wir gleich hier bezahlen?", fragen wir zwecks Vermeidung der Warteschlange an der Kassa. „An sich ja, aber die Palatschinken sind aus!" Na gut, es hat nicht sollen sein. Wir steigen den Weg zur Erlaufklause ungestärkt, aber voller nachhaltiger Eindrücke wieder bergauf.

„Von oben auf die Ötschergräben hinunterschauen, das kann man gut vom Marienstein aus." Diesen Hinweis haben wir von der Wanderung mit Claudia Kubelka mitgenommen. Also wird dieser Weg unsere dritte Annäherung an das Schluchtensystem zu Füßen des „Vaterberges".

* * *

„Fahren wir diesmal über das Traisental in Richtung Ötscher?"

„Gute Idee. Da machen wir einen Stopp in **Lilienfeld.** Dort ist es doch immer schön. Und es steht ja auch in direkter Beziehung zum Ötscherland."

„Klar. Das Zisterzienserstift hat schließlich seit dem 13. Jahrhundert Grundbesitz, der bis zum Ötscher reicht."

„Und die *Via Sacra*, der älteste Pilgerweg Österreichs von Wien nach Mariazell, führt auch über Lilienfeld."

„Außerdem ganz profan: Das Skifahren wurde hier quasi erfunden."

„Wirklich?"

„Mathias Zdarsky, der aus Mähren stammte und sich in seiner Studienzeit in Lilienfeld niedergelassen hatte, gilt als Begründer der alpinen Skilauftechnik. 1896 hat er der Öffentlichkeit die von ihm entwickelte Technik vorgestellt, abgeleitet von der altnorwegischen Einstocktechnik, die ihm gut geeignet schien für steile Hänge und tiefe Schneelage. Am Muckenkogel bei Lilienfeld hat er im März 1905 den ersten Torlauf der Skigeschichte organisiert."

An diesem Morgen hängt bei unserer Fahrt von Wien nach Westen noch Nebel über der Landschaft. Aber bei Stift Lilienfeld beginnt er schon aufzureißen. Tausende von Pilgern mögen über die Jahrhunderte bei der 1202 gegründeten mittelalterlichen Klosteranlage haltgemacht haben, so wie wir gefangen von der Mächtigkeit der romanisch-gotischen Pfeilerbasilika, der größten Kirche Niederösterreichs, in die wir nun durch das riesige, spitzbogige Trichterportal eintreten. Wir bewundern wieder einmal den barocken Hochaltar mit der „Himmelfahrt Mariä", gemalt 1745 von Daniel

Gran, einem ganz Großen der Barockmalerei. Die Stille, wie sie in den Bergen des Ötscherlandes zu finden ist, ist auch Teil des Lebens in einem Zisterzienserkloster wie diesem.

Als wir wieder ins Freie kommen, ist der Himmel schon ganz blau. Eine kleine Pause bei der Wallfahrtskirche in **Annaberg** muss sein. Auch sie, gelegen auf dem ersten „Heiligen Berg" des Ötscherlandes, war eine wichtige Pilgerstation der *Via Sacra*. Eine schöne gotische „Hl.-Anna-Selbdritt-Gruppe" auf dem Hauptaltar aus dem 17. Jahrhundert war und ist das Herzstück der Kirche. Neben der Kirche sammeln sich die ersten Wanderer vor dem Gasthof Meyer. Nach ihrer Rückkehr werden sie hier mit Speis und Trank wohlversorgt sein.

Auf der Weiterfahrt bietet sich uns plötzlich ein glasklarer Blick auf den von der Sonne beschienenen Ötscher. Eine Postkartenansicht! Schnell sind wir dann in Wienerbruck angekommen. Die Wanderroute zum **Marienstein** führt vom Parkplatz beim Naturparkzentrum links hinauf nahe den Serpentinen der Straße und biegt dann als Forstweg Richtung Südwesten ab. Erst ein wenig bergab, die Gleise der Mariazellerbahn querend, dann ein gleichmäßiger Anstieg – es ist ein gemütlicher Weg bis zu unserem Ziel. Beim Marienstein fallen die Felsen ganz steil ab in die Ötschergräben. Zerklüftete Schluchten voller Kontraste zwischen Sonne und blauen Schatten unter uns, die ganze Schönheit des Ötschers mit dem Rauen Kamm vor uns! Wir setzen uns ein wenig hin und genießen. Von ganz oben bis ganz unten – die Ötscherwelt als magische Felsenwelt.

INFORMATIONEN

Mostviertel Tourismus GmbH
Adalbert-Stifter-Straße 4
3250 Wieselburg
Tel.: +43-7416-52191
E-Mail: office@mostviertel.at
www.naturpark-oetscher.at
www.mostviertel.at/naturparkzentrum-
oetscher-basis
www.viasacra.at

Ötscher Tourismusbüro Lackenhof
Teichwiese 12/1
3295 Lackenhof am Ötscher
Tel.: +43-7480-20020
E-Mail: info@lackenhof.at
www.lackenhof.at

Ötscherlift Ges.m.b.H.
Weitental 51
3295 Lackenhof
Tel.: +43-7480-5354
E-Mail: oetscher@skisport.com
www.oetscher.at

ESSEN

Ötscherschutzhaus (bei Sessellift-
Bergstation)
Am Ötscher 1
3295 Lackenhof
Tel.: +43-7480-5249 und
+43-664-301 1735
www.oetscherschutzhaus.at

Ötscherhias (in den Ötschergräben)
3224 Mitterbach
Tel.: +43-664-275 9888

**Gasthaus „Alte Schule"/
Holzknechtmuseum Trübenbach**
Familie Stöger
Trübenbach 5
3223 Wienerbruck
Tel.: +43-2728-392 oder
+43-664-5356 714

Trefflingtalerhaus
Familie Heinz
Naturparkstraße 11
3214 Puchenstuben
Tel.: +43-2726-231
E-Mail: trefflingtalerhaus@aon.at
www.trefflingtalerhaus.at

Gasthof und Appartementhaus Meyer
Annarotte 8
3222 Annaberg bei Mariazell
Tel.: +43-2728-8204
E-Mail: gh.meyer@aon.at
http://gasthof-u-appartementhaus-
meyer-annaberg-niederoesterreich.
hotelwebseite.at

Von Ötscher & Dürrenstein
bis Everest & Antarktis

Was haben der Ötscher und die Antarktis gemeinsam? Da wie dort gibt es einen „Rauen
Kamm". Der Grund heißt **Paul Niel**, geboren 1978,
Extrembergsteiger. „Bei einer Antarktisexpedition
mussten wir 40 Tage in einer Basisstation warten,
ehe wir ausgeflogen werden konnten. Da haben
wir inzwischen Berge der Umgebung erforscht,
die zuvor noch niemand bestiegen hatte. Darüber
haben wir Register geschrieben, mit Namen für
die Touren. Bei einer hab ich gesagt: ‚Der Berg ist
wie der Raue Kamm des Ötschers'. Und so steht
dieser Name nun bei einem Berg der Antarktis."
Das erzählt uns Paul Niel, als wir einander in
Scheibbs in der „Konditorei Reschinsky" zu einem Interview treffen. „Abenteurer, Bergsteiger
und Sozialunternehmer" nennt er sich auf seiner
Homepage. Er lebt heute in Hongkong, hält auf
der ganzen Welt Vorträge und unterstützt sozial
engagierte Unternehmen. Aufgewachsen ist er mit
dem Ötscher.

*G. H.: Wie geht es einem Bergsteiger wie Ihnen,
wenn er hier in einer Konditorei sitzt?*
P. N.: Sehr gut! Mir ist die Abwechslung wichtig.
Stadt *und* Natur! Ich liebe auch in Hongkong die
Stadt und den Dschungel gleich daneben.

*F. H.: Sie sind nicht weit weg vom Ötscherland, in
Seitenstetten, geboren. Wann waren Sie das erste
Mal am Ötscher?*
P. N.: Mit drei Jahren! Mein Vater war Lehrer und
Bergführer. Aber da sind wir noch über die norma-
le Route hinaufgegangen.

F. H.: Und über den steilen Grat des Rauen Kamms?

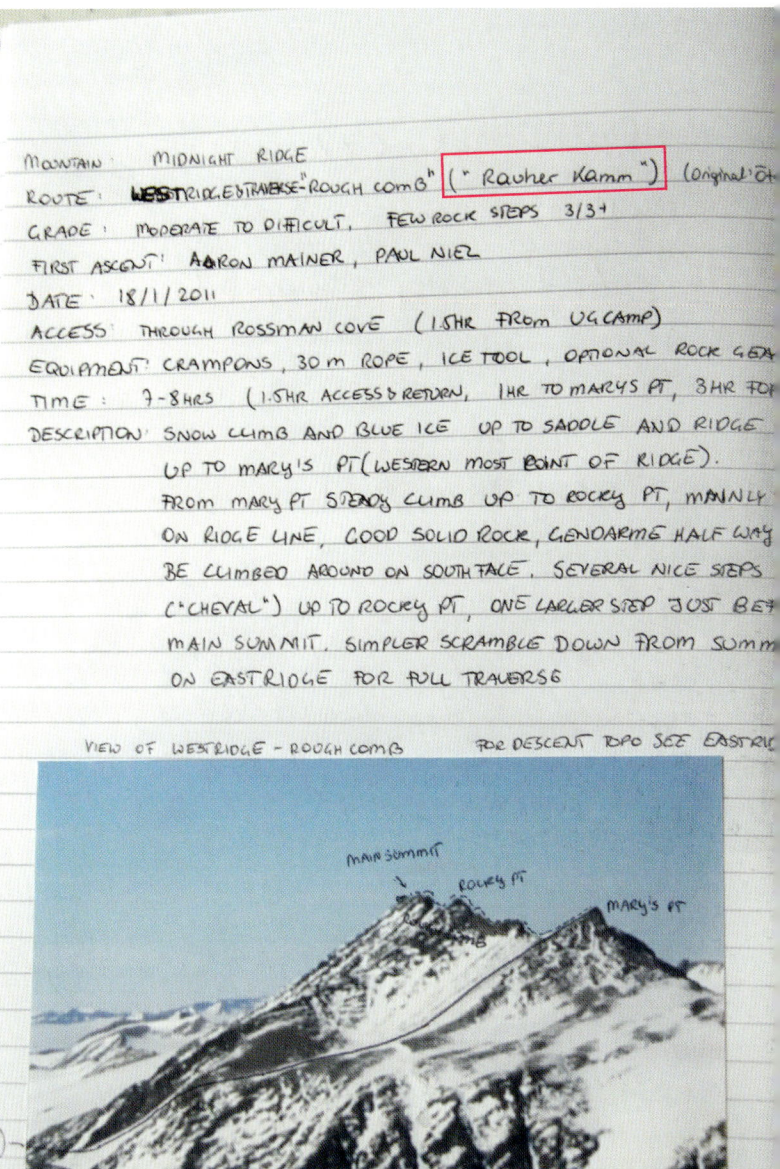

P. N.: Da war ich sieben. Das ist mir in Erinnerung geblieben, weil das ein Abenteuer war, das ich mit dem Papa gemacht hab, aber es hat irgendwie nicht meinen Erwartungen entsprochen.

F. H.: Warum?
P. N.: Ich weiß noch, da hat mich der Papa ans Seil genommen und hat gemeint, ich soll aufpassen. Aber ich hab gesagt: „Das ist doch eh einfach!"

G. H.: Wenn man da schon als Kind hinaufgeht, findet man das da auch schon besonders schön? Erinnern Sie sich daran?
P. N.: Wenn man in der Gegend aufwächst und wenn man die Bergbücher vom Messner, vom Buhl liest – lauter Idole, die man anhimmelt –, da war's halt für mich der einzige Berg, der ausschaut wie ein g'scheiter Berg. Wir haben viele verschiedene Touren auf den Ötscher gemacht, das hat mich eigentlich zum Bergsteigen gebracht ... die ruhi-

ge Naturregion, nicht besonders hoch, aber einsam. Das hab ich immer sehr genossen, dass man so schnell in einer einsamen Gegend sein kann. Besonders im Winter.

F. H.: Im Winter, weil es spannender, fordernder ist?
P. N.: Ich hab generell eine Affinität zu Winter und Schnee. Berge, die im Sommer sehr viel begangen sind, sind oft sehr einsam im Winter. Der „Raue Kamm" im Winter, das ist eine sehr, sehr interessante Tour. Da trifft man kaum wen.

F. H.: Und insgesamt Ihr Zugang zu den Bergen?
P. N.: Der sportliche Aspekt ist da, aber ich verbinde nichts mit dem schnell Hinaufgehen. In der Eile wo rauf, das mag ich weniger.

G. H.: Das sagt jemand, der in 24 Stunden zwei Achttausender gemacht hat! (Anm.: 2013 hat Paul Niel als neunter Mensch den Everest und den Lhotse innerhalb von 24 Stunden bestiegen und dabei über 70 Stunden in der Todeszone oberhalb von 8000 Metern verbracht.)
P. N. (lacht): Den Zweiten haben wir da noch machen müssen, weil das ist ein so schöner Berg! Wandern ist ein unglaublich guter Prozess. Auf einen Berg zu gehen, das ist eine Zeit des Abschaltens, man kann die Gedanken spielen lassen. Ich war eben für vier Wochen in Osttibet auf einer Expedition in eine unerforschte Gegend, übrigens zum Teil nicht unähnlich den Ötschergräben. Ich mag das Alleine-unterwegs-Sein.

G. H.: Hat das etwas Meditatives?

P. N.: Das ist genau das Wort. Da kommen neue Gedanken, man verarbeitet erlebte Dinge. Man kann aus der digitalen Welt ausbrechen. Das macht man für einen Tag, wenn man hier auf den Berg geht, für ein paar Wochen, wenn man eine Expedition geht.

G. H.: Wir waren unlängst in den Ötschergräben. Für uns haben diese Felsen etwas Magisches, Mystisches. Wirkt das auf einen Profi wie Sie auch so?
P. N.: Ein faszinierendes Erlebnis ist zum Beispiel ein toller Ausblick, das ist ein unglaublicher Eindruck. In Osttibet bin ich auf ein Kar geklettert, zu einer Kante, über die sieht man in ein Tal, ein sehr steiles Tal, das sich da einschneidet. Dieser Moment, in dem ich denke: „Ich bin jetzt der Erste, der das sieht, diese unberührte Natur" – dieser Moment ist wunderschön. Rechts und links diese steilen Felsen, der Schnee ... genau wegen solcher Momente mache ich das, was ich mache.

G. H.: Hat das etwas mit Glücksgefühl zu tun?
P. N.: Es ist sicherlich ein Moment von Zufriedenheit, von Ausgeglichenheit. Unlängst hat mich jemand bei einem Vortrag gefragt, ob einem dann das Essen noch schmeckt da oben. Ich habe ihm gesagt: „Es gibt selten Momente, wo man so zufrieden ist mit etwas ganz Einfachem, wie wenn man nach 18 Stunden zurückkommt ins Zelt und sich eine Packerlsuppe macht."

F. H.: Die Ötschergräben werden jetzt auch „Grand Canyon Österreichs" genannt. Wie haben Sie sie als Kind genannt?

P. N.: Ötschergräben! Das klingt doch viel originaler.

F. H.: Gibt es einen Punkt, wo Sie im Ötschergebiet so ein Gefühl hatten wie auf dem Kar in Osttibet?
P. N.: Der Aussichtspunkt vom Prochenberg in den Ybbstaler Alpen. Von dort sieht man perfekt den Ötscher ... das war eben schon als Kind mein „Ausblick auf den Nanga Parbat".

G. H.: Und wenn man am Rauen Kamm steht und rechts und links geht's sooooo hinunter?
P. N.: Schön! Super!

F. H.: Was fasziniert Sie sonst noch besonders an der Ötscher-Gegend?
P. N.: Dass da drinnen beim Dürrenstein der kälteste Punkt Österreichs ist. Ich bin halt ein Zahlenliebhaber und es war schon als Kind für mich extrem faszinierend da drinnen ... und natürlich in der Urwaldregion.

* * *

Mit 1878 Metern ist der **Dürrenstein** nur 15 Meter niedriger als der Ötscher. Auch er hat einen zerklüfteten Rauen Kamm, auch er hat eine Menge Karst-Dolinen. Die größte davon ist das Grünloch, jener kälteste Punkt Österreichs, der nicht nur Paul Niel fasziniert. Gute zwei Stunden Fußmarsch von Lehen (etwas südlich von Lunz) durch den Lechnergraben in Richtung Ybbstaler Hütte – und das Grünloch ist erreicht. Etwa 500 Meter Durchmesser hat diese Doline, am Boden unten immerhin noch etwa 100 Meter, wie eine riesige Schüssel. Auf diesem Dolinenboden (auf

1270 Metern Seehöhe) wurden zwischen 1929 und 1942 in acht von 14 Jahren Temperaturen unter minus 50 Grad gemessen. Das absolute Minimum betrug dabei minus 52,6 Grad im Winter 1932. So steht es in einer am Institut für Meteorologie der Universität Wien erstellten Diplomarbeit zu lesen. Das Temperaturminimum der letzten Jahre ist dort mit minus 47,1 Grad C am 25. Dezember 2003 angegeben. Der Grund für diese extreme Kälte sind spezielle Bedingungen für die Bildung eines Kaltluftsees bei Inversionswetterlagen. Im Zweiten Weltkrieg befand sich im Grünloch deshalb eine Versuchsstation der Deutschen Wehrmacht, in der Fahrzeugmotoren auf ihre

75 JAHRE II. WIENER HOCHQUELLENLEITUNG

S3⁵⁰

Tauglichkeit für einen Einsatz in Sibirien getestet wurden.

Der Dürrenstein beeindruckt aber auch durch das 3500 Hektar große Wildnisgebiet. Der größte Urwaldrest Mitteleuropas, der Rothwald, ist die Kernzone, ein streng geschütztes Naturreservat. Große Teile dieser Wildnis dürfen nur im Rahmen geführter Wanderungen betreten werden. Diese organisiert die Schutzgebietsverwaltung, allerdings nur bis Ende Oktober. Wer wie wir noch später im Jahr ein bisschen „Wildnisluft" schnuppern will, der kann das in einer Randzone des Gebietes tun, die über die Steinbachklamm erreichbar ist. Schon diese Klamm ist malerisch. Die Reste eines ehemaligen kleinen Eisenhammers rechts der Straße, eine muntere Karstquelle links, dann der Parkplatz bei den Fischteichen. Der Wiener Bankier Baron Albert Rothschild hatte um 1875 in der ganzen Gegend großflächige Waldgebiete gekauft, die noch unberührt waren, um sie vor der Zerstörung zu schützen, und andere, um sie wieder aufzuforsten. Heute führen die Forstverwaltung Langau, die Bundesforste und das Land Niederösterreich dies weiter. Wir spazieren vorbei an den hübschen Wohnhäusern unterhalb des Rothschild-Schlosses Steinbach. Wo links der Hundsaugraben abzweigt, quert eines der steinernen Aquädukte der „II. Wiener Hochquellenwasserleitung". 1910 von Kaiser Franz Joseph eröffnet, transportiert sie täglich mehr als 200 000 Kubikmeter Wasser nach Wien, vom Quellgebiet in den steirischen Wildalpen weiter durch das Ötscherland, entlang der Ybbs und der Erlauf bis Neubruck und Scheibbs und dann weiter durch das Alpenvorland in Richtung der Bundeshauptstadt. Besonderheiten

sind nicht nur die denkmalgeschützten Aquädukte, auch das Trinkwasserkraftwerk bei Gaming ist etwas Spezielles. Es wurde in den 1920er-Jahren errichtet, um den Höhenunterschied von mehr als 200 Metern zwischen Lunz und Gaming zur Energiegewinnung zu nützen.

Dem Aquädukt über den Hundsaubach wurde wegen seiner schönen Formgebung und des herrlichen Blicks auf den Gipfel des Dürrensteins 1985 sogar eine Briefmarke gewidmet. An die erinnern wir uns jetzt. Beim Bogen des Aquädukts rauscht der Bach. Ein Schritt direkt unter den Bogen und das Rauschen ist doppelt so stark zu hören. Verstärkt der nicht sehr hohe, aber breite Bogen den Schall? Oder ist zusätzlich noch das Rauschen des Wassers in der Leitung zu hören? Der akustische Effekt ist jedenfalls auffallend.

Wir wandern den Weg in den Hundsaugraben am Bach entlang hinein in die Randzone des Wildnisgebiets. Immer wieder öffnet sich ein schöner Blick auf den Dürrenstein. Der herbstliche Wald wird immer urtümlicher, Rinnsale und kleine Wasserfälle zaubern Lichtflecken. Gelbe Schwefelflechte lässt die Felsen in der Sonne richtig leuchten. Der Bach wirkt stellenweise intensiv moosgrün, nicht türkis wie Bergbäche sonst meist. An einer Gabelung gehen wir rechts bergauf. Bei einer Brücke ist plötzlich der Bach weg. Rechts der Brücke plätschert er, links davon nur das trockene Bachbett. Wohl ein Karstphänomen. Unterirdisch fließendes Wasser. Auf den steilen Hängen liegen Stämme umgestürzter Bäume. Auch in diesem Randgebiet der Wildnis werden keine forstlichen Maßnahmen gesetzt. Der Wald bleibt, wie er ist,

darf sich über Jahrzehnte hinweg selbst rege-
nerieren. Die Prozesse der Natur haben freie
Bahn. Das vom Menschen Unberührte als zu
erhaltender Wert: Wie deutlich wir das in diesem Moment als wichtig erkennen!

Dort oben – sind das Bergdohlen oder
Alpenkrähen? Wir kennen uns nicht genug aus,
um sie an ihren Rufen zu identifizieren. Aber sie
wirken majestätisch, so hoch über uns am blitz-
blauen Himmel. Noch eine Wegbiegung, dann
öffnet sich ein besonders eindrucksvoller Blick
auf den Dürrenstein, seine Felsen und Grate,
mit Schneeresten leuchtend, darunter die ma-
jestätischen Waldzonen. Auch wenn bestimmt
vor uns schon viele sich an dieser Aussicht erfreut haben – sie löst in uns eine Zufriedenheit
aus, die jener des Bergsteigers Paul Niel beim
Blick in ein unberührtes Tal in Tibet gleich-
kommt. Diese ruhige Zufriedenheit wirkt in
uns noch lange nach. So wie die Freude über
das einsame Wandern. Niemanden haben wir
getroffen an diesem Tag. Wie sagte Paul Niel?
„Wandern ist ein unglaublich guter Prozess.
Eine Zeit des Abschaltens.“ Besonders intensiv
haben wir das im Wildnisgebiet gespürt.

INFORMATIONEN

Paul Niel, Extrembergsteiger
www.paulniel.com

Schutzgebietsverwaltung Wildnisgebiet Dürrenstein
Brandstatt 61
3270 Scheibbs
Tel.: +43-664-9505902
E-Mail: office@wildnisgebiet.at

Anmeldungen für geführte Wildniswanderungen sind
ausschließlich beim Tourismusverein Göstling und bei
Familie Zettel möglich.

Tourismusverein Göstlinger Alpen
Göstling 1
3345 Göstling/Ybbs
Tel.: +43-7484-5020/19 oder 20
E-Mail: events@wildnisgebiet.at
www.wildnisgebiet.at

Familie Zettel
Tel.: +43-7484-2422

Im Mendlingtal –
Wasser, Holz und Eisen

Das kleine Holzknechtmuseum in Trübenbach hat unsere Neugier geweckt. Wir wollen weiter erforschen, wie einst das Holz aus unwegsamem Gelände transportiert wurde. Dass man das am besten im **Mendlingtal** nahe Göstling tun kann, haben wir rasch herausgefunden. Dort gibt es – so steht in einem Prospekt zu lesen – die letzte funktionsfähige Holztriftanlage Mitteleuropas, dreieinhalb Kilometer entlang des Mendlingbachs, 1998 im Zuge eines EU-Projektes renoviert, betreut von der Gemeinde Göstling. In den Sommermonaten gibt's regelmäßig ein Schautriften. Da müssen wir hin!

Göstling haben wir schon öfter besucht, haben feinen Schafkäse aus der Gegend bei einem Verkaufsstand oder auch köstliches Urbrot in der Bäckerei Schneßl erworben oder das „Restaurant Zirbenstube" zu einem Mittagsimbiss aufgesucht. Dort treffen sich auch die Skifans der Gegend, weil die Skirennläuferin Kathrin Zettel aus dem Ort stammt.

Diesmal fahren wir von Göstling weiter bis **Lassing**. Dort wird nahe dem Gasthof Fahrnberger das Auto abgestellt und wir marschieren los auf dem Weg, der hinunter bis zum Eingang zur Triftanlage führt. Das Schautriften muss eine durchaus bekannte Attraktion für Wanderer sein, denn außer uns stehen noch viele an der Kassa, um ein Ticket zu erwerben und gleich einmal das kleine Museum im ehemaligen Schmiedegesellenhaus anzuschauen. Von Holzknechten, Kleinbauern, Köhlern, Schmieden und Händlern wird da erzählt – so anschaulich, dass wir das Gefühl bekommen, ganz nah an die alte Zeit mit all ihrer Arbeitsmühsal heranzurücken.

Qualifizierte Holzarbeiter waren seit je sehr gefragt. Als dann im 17. Jahrhundert die Gegenreformation der Habsburger viele Evangelische vor die Alternative stellte, ihrem Glauben abzuschwören oder die Heimat zu verlassen, kamen viele protestantische Holzfäller in die Einsamkeit der Urwälder rund um den Ötscher. Hier fanden sie Arbeit und konnten ihren Glauben ausüben, wenngleich oft auch nur als „Geheimprotestanten", bis das „Toleranzpatent" Kaiser Josephs II. 1781 die Religionsfreiheit zurückbrachte.

Das Holz und das Eisen – beides ist in der Gegend entlang der Eisenstraße nicht voneinander zu trennen. Um eine Tonne Eisen zu erzeugen, waren acht Tonnen Holzkohle nötig. Und um acht Tonnen Holzkohle zu gewinnen, waren 30 Tonnen Holz notwendig. Hier, wo wir stehen und wo die Mendlingtaler Trift endet, stand bis 1905 ein Hammerwerk, der „Großzerrennhammer". Hier

wurde Roheisen „zerrennt", das heißt schmiedbar gemacht, ehe es an die Eisenhändler verkauft wurde. Etwas weiter drüben steht ein anderes Gebäude, eine wasserbetriebene Säge. „Venezianersäge" steht auf einem Schild zu lesen. Was hat Venedig mit der Gegend hier zu tun? Wir schauen und sind erst einmal ratlos. Aber die Erklärung ist einfach: Im 15. Jahrhundert wurde in Venetien zum ersten Mal versucht, Rundholz mithilfe der Wasserkraft zu Brettern zu sägen. Vom genialen Konstrukteur und Maler Leonardo da Vinci existieren Konstruktionszeichnungen. In dieser Zeit wurden die ersten dieser Sägen in Oberitalien gebaut, später kam diese Technik dann in den Alpenraum.

Gleich hinter der Mühle beginnt der Weg ins Mendlingtal, den Bach entlang, auf Holzstegen, über Holzbrücken, vorbei an dem sogenannten Rechen, wo die getrifteten Baumstämme aufgefangen wurden, bis zur Klause, wo das Wasser des Baches aufgestaut wird. Immer wieder öffnet sich das schmale Tal zu kleinen Aulandschaften, verengt sich nach der Klause zur Klamm, in der die Gehstege hin und her führen, von einer Felswand bis zur anderen. Als das Tal sich wieder zu weiten beginnt, schießt von links viel Wasser aus den Felsen einer Karstquelle, der Grosseggerquelle. Dann sind wir bei der „Jausenstation Herrenhaus" mit ihren Fischteichen, dem Backhaus und der Hammerherren-Kapelle angekommen. Hier gibt's für die vielen Wanderer Stärkungen aller Art.

Wir kehren aber gleich um und gehen zurück bis zur Hütte an der Klause. Unterwegs hat sich über eine ruhige Stelle des Mendlingbaches eine dünne

Nebelschicht gelegt. „Wie ein verzauberter See",
sagt ein kleiner Bub, der mit seinen Eltern hinter
uns geht. Und er fragt: „Gibt es hier auch Feen?"
Das würden wir auch gerne wissen, das Ambiente
beflügelt jedenfalls die Fantasie.

Bei der Klausenhütte geht es los mit dem Triften
der Holzstämme. Es erscheinen drei kräftige junge Männer und beginnen von einem Stapel riesiger Baumstämme einige in den Bach zu rollen.
„15 Stämme werden wir triften", erklärt einer der
drei den Zusehern. Peter Huber heißt er und ar-
beitet als Gemeindeangestellter von Göstling an
und in der Triftanlage. „Ich bin hier der Haus-,
Hof- und Umadum-Dodel", lacht er. Mit lau-
tem Platschen fallen die Stämme ins Wasser und
schwimmen weg. Ihnen nach steigen die Männer
den Bach entlang, ausgerüstet mit Stiefeln bis zum
Oberschenkel, den Triftstiefeln, in der Hand die
Flötzhaken. Denn sie müssen nun die Stämme,

die in Untiefen und an Steinen im Bach hängen
bleiben, wieder losziehen. „Die Kraft möchte ich
haben", findet sehr zu Recht einer der Wanderer,
der wie wir das Schauspiel gebannt verfolgt. „Der
Bach verändert sich nach jedem Hochwasser,
heuer im Sommer hat er schon drei Mal an verschiedenen Stellen seinen Lauf geändert", erzählt
Herr Huber, als er ein Stück des Weges mit den
Wanderern mitgeht. Einige Stämme verkeilen sich
an einer Holzbrücke, es braucht außer Kraft auch
viel Geschick, um den Stau abzubauen.

Die Zuseher rufen den Männern Lob von der
Brücke herunter zu, als sie es geschafft haben.
Weiter unten dann noch zwei Kurven, für die einige der Stämme kräftiger Hilfe bedürfen. Dann
kommen die ersten am Rechen an, also an jenem Wehr, das mittels Spindeln die getrifteten
Baumstämme auffängt. Dort steht nun ein Mann,
eine lange Stange mit Eisenspitze in der Hand.
So werden nun die Stämme in den aus Holz gebauten, über 100 Meter langen Ausleitkanal ge-

zogen. „Man glaubt gar nicht, wie das Wasser anschiebt", erklärt er. Er heißt Ernst Puchbauer und kann trotz der Mühsal nebenbei erzählen, wie viele Jahre er als Forstarbeiter tätig war. Am Ende dieses Kanals liegt dann die Lende, also der Platz, wo das Triftholz gelagert wurde. Noch bis in die Mitte des 20. Jahrhunderts rauchten hier auch die Kohlemeiler, denn alles Holz, das nicht als Brenn- oder Bauholz gebraucht wurde, wurde gleich verkohlt, denn der Eisenhammer daneben benötigte jede Menge davon.

Die Stämme für das Schautriften werden immer wieder verwendet, hatte Peter Huber oben an der Klause erzählt. Jetzt will eine Frau wissen: „Und wie kommt dieses Holz jetzt wieder hinauf?" Herr Huber grinst: „Einmal im Monat ist Vollmond, da fließt der Bach in die andere Richtung!" Gelächter der Umstehenden! Aber wie geht's wirklich? „Es gibt einen Fahrweg hintenherum!" Die Männer, die den Bach entlang gewatet sind, ziehen sich die langen Gummistiefel aus und wringen die nassen Socken aus. „Kriegen Sie nicht eiskalte Füße?",

fragt ein Mädchen. „Hm. Es ist ja erst September." Eine Antwort, die wohl heißen soll: Noch ist es eh nicht so kalt. Wir bekommen aber nur beim Gedanken an die Temperatur des Baches eine Gänsehaut. Weil aber nicht nur das Triften sondern auch das Zuschauen beim Triften, anstrengend ist, gibt es nun Most zur Stärkung für alle.

„Die Holzarbeiter wurden früher nach Festmetern bezahlt. Die ganze Woche waren sie unterwegs und ihr Hauptnahrungsmittel in dieser Zeit war Sterz. Nur sonntags waren sie bei ihren Familien", erzählt Ernst Puchbauer und Peter Huber ergänzt: „Früher wurden nicht 15 Stämme auf einmal getriftet, wie wir es heute gemacht haben, sondern 200." Am Weg zurück zum Parkplatz geht uns durch den Kopf: Hoffentlich bleibt diese Triftanlage erhalten, damit noch möglichst viele Besucher das erleben können, was wir eben erlebt haben, und das Wissen über die Geschichte nicht verlorengeht.

INFORMATIONEN

Tourismusverein Göstlinger Alpen
Göstling 1
3345 Göstling/Ybbs
Tel.: +43-7484-5020/19 oder 20
E-Mail: info@goestling-hochkar.at
www.goestling-hochkar.at
www.erlebniswelt-mendlingtal.at

Eingang Mendlingtal/Kassa
Tel.: +43-7484-7289

ESSEN/WOHNEN

Gasthof Hotel Fahrnberger
Lassing 19
3345 Göstling/Ybbs
Tel.: +43-7484-72340
E-Mail: office@hotel-fahrnberger.at
www.hotel-fahrnberger.at

Jausenstation „Herrenhaus"/Mendlingtal
Familie Schrefel
Grossegg 1
3345 Göstling/Ybbs
Tel.: +43-7484-25125
E-Mail: jausenstationherrenhaus@aon.at

Café-Restaurant Zirbenstube
Maria Maierhofer
Pfarrer-Schauer-Platz 169
3345 Göstling/Ybbs
Tel.: +43-7484-2330
E-Mail: info@zirbenstube-goestling.at
www.zirbenstube-goestling.at

EINKAUFEN

Bäckerei Café Konditorei Schneßl
Gerhard Schneßl
Markt 10
3345 Göstling/Ybbs
Tel.: +43-7484-2282 und +43-660-7599631
E-Mail: office@Schneßl.at
www.Schneßl.at

Biobauernhof Orth
Berthold und Birgit Schrefel
Lassing 29
3345 Göstling/Ybbs
Tel.: +43-7484-7217
E-Mail: orth@biobauernhof.com
www.biobauernhof.com

Die Treppe
zum Himmel

Ein Fest wird gefeiert. Großer Bahnhof für die **Mariazellerbahn**. Ein großer Bahnhof in des Wortes direkter Bedeutung, denn das neue Betriebszentrum **Laubenbachmühle** inklusive Bahnhof gleich hinter **Frankenfels im Pielachtal** ist wirklich groß. Tausende strömen zum Fest am „Tag der Mariazellerbahn". Feldmesse, Festakt, Segnung des neuen Betriebszentrums, Sonderpostamt, Frühschoppen – die riesige Halle platzt aus allen Nähten. Rundherum spazieren viele, bestaunen das moderne Bauwerk, das der Gegend Schwung und Arbeitsplätze bringen soll. Der Parkplatz ist knallvoll, besonders viele Gäste quellen heute auch aus den Waggons der Mariazellerbahn und wollen dabei sein beim „Kennenlernfest".

Wir setzen uns auf eine Bank am Bahnsteig Laubenbachmühle und lassen die politischen Diskussionen Revue passieren, die viele Jahre um die Bahn kreisen. Vor zehn Jahren hätte kaum jemand geglaubt, dass die Mariazellerbahn noch lange weiterfahren würde. Unwirtschaftlich sei sie, befanden die ÖBB. Nötig sei sie, befand das Land Niederösterreich. Das Ergebnis: Das Land hat viel Geld in die Hand genommen, die Bahn wird nicht mehr von den ÖBB, sondern von der NÖVOG, der *Niederösterreichischen Verkehrsorganisationsgesellschaft*, betrieben. Bahnhöfe und Gleisanlagen wurden modernisiert, das Betriebszentrum Laubenbachmühle neu gebaut. Statt der Züge namens „Ötscherbär" wurden ganz neue angeschafft. Sie bekamen den Namen „Himmelstreppe".

„Wieso ‚Himmelstreppe'? – Stairway to Heaven?

Das war doch ein Song der englischen Rockband *Led Zeppelin* in den 1970er-Jahren …"

„Deswegen heißt sie bestimmt nicht so. Sondern wegen des Zielpunkts: der ‚Himmel', der Wallfahrtsort Mariazell. Stell dir doch einfach vor, die 24 Haltestellen auf den etwa 80 Kilometern zwischen St. Pölten und Mariazell sind die einzelnen Stufen der Treppe."

„Und bei jeder dieser Stufen kann man aussteigen, weil's einfach überall schön ist. In Wahrheit könnte die Bahn doch auch Pielachtal-Bahn heißen. Oder Ötscherblick-Bahn."

„Aber gebaut wurde sie einst, zwischen 1896 und 1906, um Pilgern den Weg nach Mariazell zu erleichtern."

„Heute gibt's bestimmt mehr Einheimische und Wanderer als Pilger, die sie nutzen. Wir doch auch!"

Es gilt also: Der Weg ist das Ziel. Wir haben das ausprobiert. Abfahrt Bahnhof St. Pölten, Gleis 13, dann dauert die Fahrt mit der „Himmelstreppe" keine 20 Minuten bis zum Pielachtal. Im ersten Ort, in Ober-Grafendorf, wird noch ein Stück Geschichte der Mariazellerbahn, dieser ältesten Schmalspur-Gebirgsbahn der Welt, bewahrt. Die Mitglieder des Eisenbahnclubs „Mh. 6" restaurieren und pflegen alte Loks und Waggons, eben auch die Dampflokomotive Mh. 6. Das M steht für Mariazellerbahn, das h für Heißdampf, die 6, weil sie die sechste Lok dieser Baureihe war. Die „Himmelstreppe" gleitet ruhig dahin. Wir sitzen ganz bequem und erinnern uns an eine frühere Nostalgiefahrt mit einem Dampfzug auf derselben Strecke …

Per Internet hatten wir die Fahrkarten bestellt und stiegen in Tradigist beim Steinschalerhof im Pielachtal ein: Die Mh. 6 spuckt Rauch und zieht langsam los. Beim Halt im Bahnhof Laubenbachmühle finden wir heraus, dass der Lokführer Franz Gatterer heißt, und fragen, ob es möglich ist, ein Stückchen in der Lok mitzufahren. „Weiter oben dann", meint er. Aber da winkt uns einer aus der Riege des Eisenbahnclubs, wir könnten doch gleich einmal bei ihnen in dem Güterwagen mitfahren, in dem die Anlage für das elektrische Licht der Waggons untergebracht sei. Da blieben die Seitentüren offen und wir könnten besser fotografieren als durch die Fenster der normalen Waggons, bekommen wir erklärt.

„Für 32 Mann, für 4 Pferde", steht außen auf dem alten Waggon. Na dann ist ja für uns bestimmt Platz!

Wir klettern hinein. Mit viel Ruckeln, Rumpeln und Tuten geht es durch das Tal, durch kurze Tunnels. Ein Tunnel heißt wenig Platz für den Rauch außen, aber viel Rauch im offenen Waggon. Nun kommen zwei riesige Kehren bergauf. „Schaut nur, jetzt sieht man auf den Bahnhof Laubenbachmühle hinunter", sagt Erwin Wirth, der hier die Stellung mit uns hält. Beim nächsten Halt in Winterbach kommt Lokführer Gatterer: „Wenn Sie in die Lokomotive wollen, jetzt geht es!" *Ladys first*, Franz bleibt im Güterwagen. Es ist verdammt eng, vorne in der Mh. 6. Auch, weil außer dem Lokführer noch drei Menschen dort arbeiten: einer, der die Einhaltung des Fahrplans überwacht (die Fahrt muss ja mit den „Himmelstreppen" abgestimmt werden) und dem Lokführer zur Hand geht, und zwei, die in regelmäßigen Abständen Kohle in die Feuerung

schaufeln und das Funktionieren des Kessels im Auge haben. Aus der Feuerung kommt es glühend heiß, wenn nachgeschaufelt wird. Sicht nach vorn auf die Strecke hat hauptsächlich der Lokführer, das Fenster neben den Maschinenteilen ist klein. Lokführer Gatterer hat Zeit für ein paar Erläuterungen: Die Lokomotive plagt sich über Steigungen von bis zu 27 Promille. Mitten im 2,4 Kilometer langen Gösingtunnel liegt der höchste Punkt der Strecke, fast 360 Höhenmeter sind dort seit Laubenbachmühle überwunden.

Wir kommen in **Gösing** an. Gleich neben dem Bahnhof liegt hier das „Alpenhotel Gösing", wo sich schon seit 1922 Ruhesuchende komfortabel einquartieren können. Lokführer Gatterer möchte jetzt wieder ohne Passagier in der Lok weiterfahren. Hinten im Güterwaggon ist der Aufenthalt für den nächsten Streckenteil aus fototechnischen Gründen ohnehin besser. Denn bis Annaberg wäre jetzt der Name „Ötscherblick-Bahn" zutref-

fend. „Aufgepasst, nach dem nächsten Tunnel kommt eine wunderbare Aussicht!", stimmt uns Herr Wirth mehrfach freundlich ein. Der Ötscher von einer seiner schönsten Seiten! Hier sind wir schon im Naturpark Ötscher-Tormäuer. „Da schaut man jetzt gleich hinunter in die Erlaufschlucht!" Und bei jedem Tunnel: Rauch in den Augen, das Einatmen tunlichst vermeiden. Was unsere Freude aber nicht trübt. Es geht bergab über Annaberg, Wienerbruck und Mitterbach, der letzten Station in Niederösterreich. Noch ein paar Minuten Fahrt und das steirische Mariazell ist erreicht. Lokführer Gatterer und seine Crew klettern von der Lokomotive, kontrollieren und ölen Gestänge nach. Jetzt muss die Lok für die Rückfahrt gedreht werden. Das passiert mittels einer riesigen Drehscheibe am Rand des Mariazeller Bahnhofs. Ein Spektakel, das etliche Zuschauer anlockt. Als wir uns nach der Rückfahrt abends in den Spiegel schauen, ist Gelächter angesagt. Wie die Rauchfangkehrer schauen wir aus! Voller Ruß,

nicht nur im Gesicht. Aber die Fahrt hat trotzdem unheimlich Spaß gemacht.

Bei der Fahrt in der weniger romantischen, aber dafür bequemeren „Himmelstreppe" wissen wir schon, wann wir zum Genießen der Aussicht rechts oder links hinausschauen müssen. Jetzt geht Franz kurz zum Lokführer nach vorne und bekommt erzählt: Die „Himmelstreppe" fährt mit flotten 80 km/h im Gösingtunnel bis zum Scheitelpunkt und wird dann bergab auf 30 km/h heruntergebremst, um in Gösing rechtzeitig stehen bleiben zu können. Der Lokführer ist über GPS immer mit der Zentrale verbunden. Wie bei normalen Zügen ist inzwischen als Sicherheitseinrichtung eine sogenannte „Totmannbremse" eingebaut, die den Zug halten lässt, wenn der Lokführer nicht regelmäßig mit dem Fuß auf ein Pedal tritt. Ein Computer zeigt an, ob der Zug pünktlich ist. Die „Himmelstreppe" ist – von St. Pölten gerechnet – schon nach etwa 140 Minuten Fahrzeit in Mariazell. Diesmal marschieren wir nach der Ankunft vom Bahnhof etwa eine Viertelstunde bis zur Basilika. Ganz in der Nähe stoßen wir auf ein Denkmal. Eine Bronzetafel mit der Aufschrift „Den Erbauern der Mariazellerbahn zum ehrenden Gedenken", ein Stück Schiene, eine Waggonachse. So kriegen wohl diese Techniker im Nachhinein noch ein bisschen vom Segen ab.

Die Basilika, verwaltet von Benediktinern des Mutterklosters St. Lambrecht, ist als bedeutendster Wallfahrtsort in Österreich das ganze Jahr über viel besucht. Sie stammt aus dem 14. Jahrhundert und wurde im 17. Jahrhundert vom Architekten Domenico Sciassia barockisiert. Durch ihn bekam die Fassade ihr unverwechselbares Aussehen, denn er setzte neben

den gotischen Turm noch zwei barocke Türme. Das Gnadenbild – aus Lindenholz, aber stets bekleidet, die *Magna Mater Austriae* – zieht bereits seit dem 12. Jahrhundert die Pilger an. Egal, ob man sich selbst zu den Gläubigen zählt oder nicht: Die Faszination des Ortes erschließt sich jedem. Wir bleiben ein wenig in der Kirche, in der auch die Vielzahl der Kunstwerke aus den verschiedensten Jahrhunderten der Beachtung überaus wert ist. Etwa die reiche Stuckdekoration des Innenraums aus dem 17. Jahrhundert; der Hochaltar, einer der bedeutendsten Barockaltäre Österreichs, entworfen nach 1700 vom berühmten Architekten Johann Bernhard Fischer von Erlach; die Säule mit der spätgotischen Madonna mit Kind aus der ersten Hälfte des 16. Jahrhunderts, die nach 1700 noch einen Strahlenkranz bekam. Ein Eintauchen in die reiche Vergangenheit des Ortes!

Zurückgekehrt in die Jetztzeit, erwerben wir dann draußen in aller Ruhe bei der „Lebzelterei Pirker" köstliche Lebkuchen und stärken uns im „Brauhaus Mariazell" der Familie Girrer. Aus der Apotheke „Zur Gnadenmutter" besorgen wir uns unter anderem die berühmte „Pilgercreme", die unsere oft müden Wandererbeine aufmöbeln wird. Und ein Fläschchen vom famosen „Arzbergerschen Mariazeller Magen-likör" muss auch mit. Bei der bequemen Rückfahrt mit der „Himmelstreppe" quer durchs Ötscherland beschließen wir, die Mariazellerbahn bei künftigen Ausflügen zu den vielen reizvollen Zielpunkten der Gegend öfter zu nutzen.

INFORMATIONEN

Mariazellerbahn
NÖVOG Infocenter
Tel.: +43-2742-360-990-99
E-Mail: info@noevog.at
www.noevog.at/mariazellerbahn

Eisenbahnclub Mh. 6
Heizhaus
Werkstättenstraße 18A
3200 Ober-Grafendorf
www.mh.6.at

Tourismusverband Mariazeller Land
Hauptplatz 13
8630 Mariazell
Tel.: +43-3882-2366
E-Mail: tourismus@mariazell-info.at
www.mariazell-info.at

Basilika Mariazell
Benediktiner-Superiorat
Benedictusplatz 1
8630 Mariazell
Tel.: +43-3882-2595 0
E-Mail: office@basilika-mariazell.at
www.basilika-mariazell.at
www.viasacra.at

ESSEN UND WOHNEN

Alpenhotel Gösing (mit Restaurant „Ötscherblick")
3221 Gösing an der Mariazellerbahn 4
Tel.: +43-2728-217
E-Mail: alpenhotel@goesing.at
www.goesing.at

Brauhaus Mariazell
Wirtshausbrauerei
Familie Girrer
Wiener Straße 5
8630 Mariazell
Tel.: +43-3882-25230
E-Mail: brauhaus@mariazell.at
www.bierundbett.at

Familie Pirker
Café Restaurant Pirker am Hauptplatz
Hauptplatz 1
8630 Mariazell
Tel.: +43-3882-2444

Hotel Mariazellerhof
Pirker GmbH
Grazer Straße 10
8630 Mariazell
Tel.: +43-3882-2179
E-Mail: mariazell@pirker-lebkuchen.at
www.lebkuchen-pirker.at

EINKAUFEN

Pirker Lebzelterei. Wachszieherei. Brennerei
Hauptplatz 1 und Wiener Straße 9
8630 Mariazell
Tel.: +43-3882-2444
E-Mail: mariazell@pirker-lebkuchen.at
www.lebkuchen-pirker.at

Apotheke Mariazell „Zur Gnadenmutter"
Traditionelle Heilkunde seit 1718
Mag. Dr. Angelika Prentner
Hauptplatz 4
8630 Mariazell
Tel.: +43-3882-2102
E-Mail: office@zurgnadenmutter.at
www.apotheke-mariazell.at

Arzberger Likörmanufaktur
Hauptplatz 6/Wiener Straße 2
8630 Mariazell
Tel.: +43-3882-2611
E-Mail: office@arzberger.co.at
www.arzberger.co.at

Pielachtal –
Dirndln, nicht nur zum Naschen

In unserem Garten im norditalienischen Friaul nahe dem Fluss Tagliamento wächst ein kleiner Dirndlbaum. In den ersten Monaten nach dem Einsetzen haben wir ihn besonders gepflegt, er hat sich anfangs mit der Hitze nicht leichtgetan. Inzwischen signalisiert er uns, dass er sich wohlfühlt – auf dieser Wiese, gleich neben ein paar jungen Olivenbäumen. Ob wir außer unseren Oliven des Südens auch bald „Oliven des Nordens", also Dirndln, ernten können? Ein Experiment! Dazu kam es so ... „Wenn wir das Pielachtal erforschen wollen, dann sollten wir gleich damit beginnen, denn jetzt müssten die Dirndlbäume blühen!" In unserer Zeit als TV-Verantwortliche beim ORF haben wir durch Naturfilme den Zauber der Dirndlblüte entdeckt. Jetzt wollten wir uns Zeit nehmen für ganz private Erkundungen.

Es ist ein freundlicher Samstag Anfang April, als wir von Wien über St. Pölten ins Pielachtal fahren. Die ersten Kirschbäume haben die Blüten geöff-

net, wir entdecken auch ein paar Magnolien vor den Häusern. Rechts und links der Straße wächst viel Bärlauch an den Waldrändern. In **Rabenstein an der Pielach** steht auf dem Fenster der Bäckerei Penzenauer geschrieben: „Frische Bärlauch-Weckerln." Die müssen natürlich gekostet werden. Gestärkt spazieren wir zur Kirche. Neben dem Tor entdecken wir ein Schild: „In dieser Kirche empfing am 5. August 1905 Kardinal DDr. Franz König das Sakrament der Taufe." Natürlich, Kardinal König wurde ja hier in der Gemeinde Rabenstein geboren! Im Inneren der Kirche sind auf einer Pinnwand Fotos und Texte von und über Kardinal König angeheftet. Franz König, der einen faszinierenden Weg als ältestes von neun Kindern einer Bauernfamilie zum allseits bewunderten Erzbischof von Wien gegangen ist, ist bis heute in der Gemeinde präsent. Auch nach dem Rücktritt als Erzbischof 1985 bis zu seinem Tod 2004 im 99. Lebensjahr hat er – wie in seiner Biografie zu lesen steht – stets gemeinsam mit den Menschen Antwort auf die Fragen

gesucht: „Woher komme ich? Wohin gehe ich? Welchen Sinn hat mein Leben?"

Wir spazieren noch ein bisschen durch den Ort und entdecken den ersten Dirndlbaum. Er steht am Hauptplatz in einem Pflanzenbeet. Die Blüten sind schon im Verblühen begriffen. Offenbar ist auch hier im Pielachtal die Vegetation in ihrer Entwicklung rascher als in anderen Jahren. Kein Wunder, der Winter war viel wärmer als sonst.

In **Warth**, einem Ortsteil von Rabenstein, steht auf einem Hügel gleich neben der Straße die Andreaskirche, ein gotischer Bau ohne Turm. Von hier aus sieht man hinüber zum Anwesen auf der anderen Talseite, in dem Franz König geboren wurde. Die Andreaskirche hat er nach ihrer Restaurierung 1986 neu geweiht. Wir holen uns vom Kirchenbauer vis-à-vis den Schlüssel und schauen uns den Innenraum an. In seiner Schlichtheit strahlt er Ruhe aus. Wir machen anschließend ein paar Schritte in das kleine Tal hinter der Andreaskirche. Die Birnbäume auf einer Streuobstwiese werden noch ein bisschen brauchen, ehe sie blühen. Aber weiter hinten entdecken wir auch Dirndlbäume, mit ihren Blüten sind sie gelbe Farbtupfen im Frühlingsgrün.

Ein paar Kilometer weiter ist in **Kirchberg an der Pielach** Kardinal König neuerlich präsent. Hier ist er in die Schule gegangen, auf dem Hügel neben der Pfarrkirche St. Martin erinnert ein Schild an den berühmten Schüler. Kirchliche Feste wie etwa Fronleichnam werden hier noch immer besonders schön gefeiert. Im Ortszentrum gegenüber dem Amtshaus entdecken wir eine seltene Darstellung

des heiligen Nepomuk, des Brückenheiligen. Nicht wie meist allein mit einem Kreuz in der Hand steht er da, sondern er wird von einem hinter ihm stehenden Mann gestoßen. Der Legende nach ist Nepomuk von der Prager Karlsbrücke in die Moldau gestoßen worden, weil er sich als Priester weigerte, das Beichtgeheimnis zu brechen. Gleich daneben fließt die Pielach über ein Wehr. Sie ist einer der saubersten Flüsse Österreichs mit ungemein vielfältiger Fauna und Flora entlang der knapp 70 Kilometer ihres Laufes. So findet sich in ihrem Wasser noch der vom Aussterben bedrohte Huchen. Der Name Pielach kommt vom altslawischen „Bielaha" – der „weiße Fluss". Das Wasser ist glasklar, auch wenn es im Gegenlicht phasenweise fast schwarz wirkt.

Ein Besuch im „Gasthof Kalteis" in Kirchberg ist Pflicht. Wo Hubert Kalteis jun. und seine Mutter Theresia für eine ganz besondere Küche sorgen und wo Hubert Kalteis sen. und Schwiegertochter Sonja souverän den Service managen, da fühlen wir uns wohl. Natürlich nicht nur wir, denn seit Hubert jun. dem Traditionslokal eine zweite Gault-Millau-Haube erkocht hat, erfreuen sich zuneh-

mend auch Besucher von auswärts an der besonderen Qualität. Das Mostbratl mit einer Fülle aus Kletzen und Dörrzwetschken nach einem Rezept von Mama Theresia zählt zu den Klassikern auf der Karte. Weil Hubert jun. und Hubert sen. selbst jagen gehen, gibt's im Herbst auch vorzügliches Wildragout. Aber auch sonst läuft uns bei der Lektüre der Speisekarte stets das Wasser im Mund zusammen – bis hin zum Dirndltaler-Eisbecher.

„Hat man als Topkoch und Wirtshausmanager eigentlich Lust und Muße zum Wandern, zum Beispiel auf den nahen Ötscher?", wollen wir wissen. „Wandern nur mit Gewehr oder Golfschlägern", beginnt Hubert Kalteis jun. seine Antwort, „aber zweimal im Jahr zu Fuß nach Mariazell, das muss schon sein. Als Wirt hat man schon seine Themen, wo man sich bedanken muss ... und manchmal sind auch ein paar Sünden zum Büßen dabei!" Kalteis' markanteste Ötscher-Erfahrung ist offenbar nicht in der Rubrik „schöne Erinnerung" abgespeichert: „Ich habe als Jungkoch im Alpenhotel Gösing gearbeitet. Ein Arbeitskollege und ein Kellner hatten die Idee, dass wir einmal rauf auf den Ötscher und rundherum gehen sollten, wenn wir ihn in Gösing schon ständig zum Greifen nah sehen. So sind wir um 2 Uhr früh mit dem Moped runter zur Erlauf, dann rauf über den damaligen großen Seilbahnschlag und rauf auf den Rauen Kamm. Als um 4.30 Uhr die Sonne aufging und ich den Ausblick zur Gemeindealpe und den Dürrenstein genoss, habe ich das erste Mal in die Tiefe geschaut. Den Rest der Wanderung hab ich wie in Trance erlebt! Seit diesem Tag weiß ich, dass ich Höhenangst habe. Der Raue Kamm sieht mich nie wieder, aber der

Ötscher ist für mich dadurch zum mächtigsten Lehrmeister für Demut und Angst geworden!" Wir können nachvollziehen, dass Hubert Kalteis sich doch im freundlichen Pielachtal wohlerfühlte.

Es geht zurück nach Warth, wir wollen uns im „Naturhotel Steinschalerhof" einquartieren. Den haben Diplomingenieur Johann Weiß und seine Frau Annemarie zu einem Fixpunkt für Besucher des Pielachtales gemacht. Nicht nur weil das Hotel und auch das Steinschaler Dörfl ein paar Kilometer entfernt in Frankenfels wunderbare Ausgangspunkte für Wanderungen sind, sondern auch weil auf fünf Hektar Naturgärten alles an Wildkräutern, Gemüse und Obst gedeiht, was Gartenfreunde bewundern und die Küche des Restaurants braucht, um sie zu etwas Besonderem zu machen.

„Wo finden wir denn viele Dirndlbäume?", fragen wir an der Rezeption.

„Gleich hinter dem kleinen Bahnhof Tradigist hinauf, auf dem Tausend-Dirndl-Berg!", lautet die Antwort. Der heißt eigentlich Gaisbühel und wir stapfen den Weg bergauf: erst einmal bis zum „Banzhäusl", ein inzwischen unbewohntes Wohnhaus einer Kleinlandwirtschaft. Rundum lauter Dirndlbäume. Dirndlstauden werden sie volkstümlich genannt, also Sträucher, obwohl sie Bäume sind. Die Blüte ist schon fortgeschritten, trotzdem tut ihr Gelb den Augen wohl.

Cornus mas ist der lateinische Name, „Kornelkirsche" die gängige deutsche Bezeichnung, es handelt sich um ein Hartriegelgewächs. Wieder soll die Wurzel des Namens im Slawischen liegen, *dernu* bedeutet hart. Hart ist das Holz der Stämme

tatsächlich. Und schwer. Es geht unter, wenn man ein Stück ins Wasser legt. Ganz knorrig drehen sich die dickeren Stämme der Sträucher. Weiter oben auf dem Gaisbühel stehen viele „Staudn" verstreut auf den Wiesen und am Waldrand. Der Blick rundum über die bergige Landschaft, die in Dunst getaucht ist, ergibt insgesamt eine Szenerie, wie von Impressionisten gemalt. Wir nehmen uns vor, im September zur Dirndlernte wiederzukommen. Denn aus den gelben Blüten werden rote Früchte in der Form kleiner Oliven. Und die lassen sich zu vielerlei Köstlichkeiten verarbeiten: Dirndlmarmelade, Dirndlkompott, Dirndlaufstrich und vieles mehr.

Abends im „Steinschalerhof" bekommen wir gleich Kostproben davon: Sauer eingelegte Dirndln, die sogenannten Dirndloliven, sind sowohl beim Wildkräutersalat als auch beim Kotelett das Tüpfelchen auf dem i. Der Chef des Hauses, Hans Weiß, hat Zeit zum Plaudern. „Drei Mal so viel Vitamin C wie Zitronen haben die Dirndln, sie helfen bei verrenktem Magen genauso wie bei Verkühlung." Und: „Sagt's bitte nicht ‚Kornelkirsche', das ist so falsch wie Walfisch!", macht er uns aufmerksam. Denn die Hartriegelpflanze ist ebenso wenig eine Kirsche, wie der Wal ein Fisch ist, sondern ein Säugetier. Weiß pflegt auch eine Dirndl-Baumschule. Wer mag, kann sich eine „Staudn" für den eigenen Garten mit nach Hause nehmen. So kam übrigens auch das Dirndlbäumchen in unseren friulanischen Garten. „Nach sechs bis sieben Jahren gibt es die ersten Früchte, so der Standort ausreichend Sonne hat. Bis zu acht Meter hoch werden die Bäume", erzählt Weiß, der maßgeblichen Anteil daran hat, dass die Dirndln zur „Marke" und das Pielachtal zum Dirndltal wurde.

Am nächsten Morgen vor dem Frühstück nimmt uns Hans Weiß mit auf einen kleinen Ausflug. Paula will auch mit. Paula ist Hans Weiß' bezaubernder, strubbeliger Hund. Und auch das Maskottchen des Hauses, denn der „Steinschalerhof" ist auch ein besonders hundefreundliches Hotel. Zuerst geht's auf den Fronberg, vorbei an der Himmelwiese auf einen Kogel, auf dem uns Herr Weiß eine Rarität der Gegend zeigt: uralte Eiben. Paula rennt freudig auf und ab. Auf einem Baum sitzt ein Star, was wohl heißen soll, dass die Zugvögel schon auf das Wetter vertrauen und aus den Sommerquartieren ins Alpenvorland zurückkeh-

ren. Die Wiesen dort drüben wirken wie liniert, das sind „Viechgangerln", die Steige der weidenden Kühe. Wo wir herumsteigen, wachsen Kräuter, die Hans Weiß ins Auge stechen: „Knoblauchrauke ist das. Und dort Scharbockskraut", erklärt uns der Wildkräuterspezialist. Viele Wildkräuter wachsen auch in seinem Steinschaler Naturgarten. „Sind es dann aber noch Wildkräuter?" Weiß lacht: „Wenn ein Nilpferd in Schönbrunn lebt, ist es ja auch weiter ein Nilpferd und kein Schönbrunnpferd!" Hier pflücken wir jedenfalls ein paar Handvoll Kräuter. „Schauen wir noch einen Sprung zu dem Bauernhof dort, dem Oachner-Hof", schlägt er vor. Die Oachner-Bäuerin Herta Griesauer zeigt uns gern das kleine Dörrhaus. Hier wird die ural-

te Tradition des Haltbarmachens von Obst weiter gepflegt. Rauchfrei, denn es wird mit der Wärme der Hackschnitzelanlage gedörrt. Das Ergebnis dürfen wir probieren – köstliche Apfelspalten und Zwetschken. Jetzt geht es aber retour zum späten Frühstück im „Steinschalerhof", wegen der Reichhaltigkeit wohl besser ein leicht verfrühter Mittagsimbiss: Joghurt mit Dirndlkompott, Omelette mit unseren gesammelten Kräutern und noch ein Kräutersalat dazu. Letzterer mit Kräutern aus dem Naturgarten, den wir anschließend gestärkt noch in Ruhe anschauen gehen. Im Freien und in den Folientunneln sprießt es schon ordentlich. Unschwer können wir uns vorstellen, wie üppig sich hier alles entwickeln wird.

* * *

Als wir im August wiederkommen, sind die Naturgärten tatsächlich ein wucherndes Paradies. Hans Weiß stellt uns seine Gartenleiterin Frieda Griesauer vor. Sie strahlt genau jene Freude aus, die Menschen entwickeln, wenn sich ihr Leben großteils ums Gärtnern dreht. Wobei Friedas Aufgabe enorm ist, mehr als tausend verschiedene Pflanzenarten gilt es zu pflegen. Aber sie hat die etwa fünf Hektar gut im Griff dank ihres enormen Wissens und dem von Hans Weiß. Sie wird bei Bedarf von Helfern unterstützt und meist begleitet von ein paar Katzen, wie Mucki und Cornelius, die eben im Gleichschritt daherkommen. Naturgärten, das heißt: kein Kunstdünger, keine chemischen Hilfsmittel. Frieda zeigt uns einige der Schätze des Gartens: den Hirschhornwegerich, die Zitronenverbene, den

chinesischen Schnittknoblauch, die Pastinaken, deren Wurzeln bald erntetauglich sein werden, die süßen Yacon-Knollen, die aus Peru stammen und vor dem ersten Frost geerntet werden müssen, und vieles mehr. Und nahe den Gemüsebeeten stehen die Dirndlbüsche. Jetzt leuchten die Dirndln schon in intensivem Dunkelrot.

Vom Steinschalerhof fahren wir nun auf der kleinen Straße hinüber nach **Tradigist** und von dort hinauf zum Eck-Bauer. So heißt das Anwesen der Familie König. Mit Franz König sind sie nicht verwandt, aber König ist in der Gegend ein gebräuchlicher Name. Helga und Andreas König sowie ihre Töchter Anna und Carina begrüßen uns. Einer ihrer Dirndlbäume steht an einer besonders schönen Stelle mit Blick über das ganze Tal. Unter dem Baum ist ein Netz ausgelegt. Denn die Dirndln pflückt man nicht, sie fallen, wenn sie reif sind, in die Netze und werden dann eingesammelt. Die Ausnahme: Wenn man Dirndloliven einlegen will, pflückt man besser die noch nicht abgefallenen, noch etwas festeren Früchte, haben wir von Hans Weiß gelernt. Helga König, ihre Tochter Anna und die Studentin Ulrike Hummel sammeln nun Dirndln ein. Ein Kalauer liegt uns auf der Zunge: Ein Dirndl im Dirndl sammelt Dirndln. Nein, der Dirndlsaft, den wir gekostet haben, war nicht vergoren, manchmal rutschen uns Kalauer auch so heraus. Den süßen Dirndlsaft mit frischem Quellwasser haben wir jedenfalls überaus gern gekostet. „Jetzt müssen Sie noch unseren Schafkäse probieren", sagt Helga König. Die Königs betreiben Schafzucht. Der Schafstall ist riesig und wir werden dort von vielen interessierten Tieren beäugt, ebenso von denen auf der

Wiese daneben. Helga König zeigt uns, wie sie den Schafkäse erzeugt: Die Schafmilch auf etwa 24°C erwärmen, Labferment zufügen, etwa einen Tag stehen lassen – das ist das Grundprinzip der Produktion. Der frische Schafkäse schmeckt einfach wunderbar!

Wenn man Dirndlsaft oder -marmelade oder -schnaps macht, bleiben die Kerne übrig. Dass man selbst mit denen noch etwas anfangen kann, lernen wir von Engelbert Groiß. Er macht aus ihnen Dirndl-Schmuck. „Fahren Sie die Hauptstraße entlang, durch **Kirchberg** durch, bis zu einem rosa Haus rechts", beschreibt er uns, wie wir ihn finden können. Unterwegs genehmigen wir uns in der Fleischerei Hubmayer in Kirchberg eine kleine Stärkung. Heinz Hubmayer wird für seine Produkte allseits gelobt, egal ob Dirndlpastete, Dirndlprosciutto oder Hirschwürstel. Er ist der Bruder von Annemarie Weiß, weshalb natürlich das Fleisch und die Würste, die im Steinschalerhof serviert werden, von ihm stammen.

Vor dem Hauseingang der Familie Groiß stehen malerisch sortiert ein paar Reste uralter Dirndlstämme. „Dirndlkunsthandwerk" steht auf einem Schild. Engelbert Groiß erwartet uns schon und führt uns in seine Werkstätte unter dem Dach. „Die Kerne sind von Dirndln vom Schnapsbrennen, die sind 14 Tage in der Maische gelegen. Deshalb kriegen sie die rötliche Farbe", sagt Herr Groiß. Erst schleift er die Spitzen der Kerne ein bisschen ab, um dann leichter geradeaus durchbohren zu können. „Staubig ist sie, meine Werkstatt, aber bei jedem Arbeitsgang fliegt halt der Staub herum", entschuldigt er sich. Die durchbohrten Kerne wer-

den zu Halsketten, Armbändern, Ohrgehängen aufgefädelt, oft gemeinsam mit verschiedenen kleinen Schmucksteinen. Dirndlketten, zum Dirndl getragen, sind bei den Frauen hier im Pielachtal, aber auch bei den Gästen sehr beliebt. Auch Werkstücke aus Dirndlholz und Hirschhorn entstehen unter den geschickten Händen des „Bertl" Groiß: Anhänger zum Beispiel oder auch Tabletts für Schnapsgläser und Ähnliches. „Es macht mir halt a Freud', wenn ich was schaffen kann, eine schöne Aufgabe in der Pension!", sagt er und – apropos schön – er fragt: „Wart ihr eigentlich schon oben bei der Fuchsien-Vroni?" Waren wir noch nicht, aber wir haben schon von ihr und ihren mehr als 400 Sorten Fuchsien gehört. Bevor wir dorthin aufbrechen, werden wir von Frau Groiß noch auf Kaffee mit selbstgemachtem Heidelbeerkuchen eingeladen. „Danke ganz herzlich! Jetzt fahren wir die Fuchsien anschauen!"

Wir spazieren aber erst noch in **Dobersnigg** bei Loich zu der Stelle, wo die Pielach über besonders bizarre Felsen fließt. Ein malerischer Ort! Dann fahren wir weiter nach **Loich** und danach links hinauf zu dem kleinen Bergbauernhof, rund um den Veronika Riegler, wie die Fuchsien-Vroni wirklich heißt, ein blühendes Paradies geschaffen hat. Sie begleitet uns durch ihre erstaunliche Welt der Fuchsien auf 500 Metern Seehöhe. Diese Vielfalt an Blütenformen und -farben! Kein Wunder, dass man davon so fasziniert sein kann wie die Fuchsien-Vroni. „Und wenn es dann kalt wird? Dann müssen die Töpfe mit den Fuchsien ja alle in ein Winterquartier geräumt werden. Das ist ja unglaublich viel Arbeit!" – „Ja, zwei Wochen arbeite

ich schon dran, bis alles verstaut ist", sagt sie, aber die Vorfreude auf das Frühjahr mit der nächsten prächtigen Blüte ihrer vielen „Fuchsien-Kinder" entschädigt sie dafür.

„Ich möchte jetzt in Loich noch ein bisschen herum-spazieren. Ich weiß nämlich, dass Bundespräsident Heinz Fischer hier einmal zur Schule gegangen ist."
„Wirklich? Und stimmt das?
„Es stimmt! Ich habe ihn per E-Mail gefragt, und ich lese dir jetzt vor, was er mir geantwortet hat:

Ich bin 1938 geboren und stand im Sommer 1944 vor dem Eintritt in die erste Klasse Volksschule. Da aber damals die Bombenangriffe auf Wien immer heftiger wurden, haben meine Eltern entschie-den, dass ich zu einer Cousine meiner Mutter, die Bäuerin in Pamhagen im Burgenland war, in ‚Kost und Quartier' gegeben wurde. Auf diese Weise hat meine Schulzeit in der ersten Klasse Volksschule in Pamhagen begonnen.
In weiterer Folge ist aber die Rote Armee vom Osten kommend auf die österreichisch-ungarische-Grenze (an der Pamhagen gelegen ist) zumar-schiert und so hat mein Vater für meine Mutter, meine damals 3-jährige Schwester und für mich ein Quartier westlich von Wien gesucht, um der zu erwartenden ‚Schlacht um Wien' auszuweichen. Wir haben ein solches Quartier bei einer Bäuerin

in Loich an der Pielach gefunden. Es war eine junge Bäuerin (damals wahrscheinlich etwa Mitte 20), die jung verheiratet war und deren Mann aber als Soldat an der Front stand. Es gab neben dem kleinen Bauernhaus eine kleine Hütte (vielleicht eine Art Ausgedingestüberl mit einem beheizbaren Raum), in der wir damals zu dritt gewohnt haben; mein Vater ist in Wien geblieben. Ich habe daher ab etwa Dezember 1944 meine Schulzeit in Loich fortgesetzt und bin bis über das Kriegsende hinaus – d. h. bis zum Frühsommer 1945 in Loich geblieben und in die Schule gegangen.

Interessant, nicht?" – „Jetzt kennen wir Heinz Fischer schon so lange, aber das habe ich bisher nicht gewusst! Auf wie viel Überraschendes wir in dieser Gegend treffen!"

Voll der vielen unterschiedlichen Erlebnisse kehren wir in den Steinschalerhof zurück. Dort genehmigen wir uns noch einen Schafkäse und werden von Hans Weiß mit Most gelabt, und zwar solchem der Dachmarke „Mostbaron". Unter dieser Marke haben sich Betriebe aus dem ganzen Mostviertel zusammengeschlossen, die die Kultur des vergorenen Birnenmostes besonders pflegen und weiterentwickeln wollen. Die Gourmetmoste sind der elegante „Preh", ein alter Ausdruck für „Stolz", der frische „Brous", das bedeutet „Knospen", und der erdige „Exibatur", was Pflug bedeutet. Wir lernen: Nicht nur beim Wein ist Vielfalt angesagt!

* * *

Kein Zweifel, wenn wir das Dirndltal erforschen, muss auch der Dirndlkirtag besucht werden. Da

kommt, so heißt es, das ganze Tal zusammen. Nicht nur wegen der Spezialitäten, die die Mägen erfreuen, auch, weil dort alle zwei Jahre eine neue Dirndlkönigin und eine Dirndlprinzessin gewählt werden. Der Dirndlkirtag findet jedes Jahr in einem anderen Ort des Tales statt. So begeben wir uns an einem strahlenden Septembersonntag nach **Hofstetten-Grünau**. Am späten Vormittag herrscht schon heftiges Gedränge. Egal, ob an den Standln Dirndlmarmelade oder Dirndlchutney, Dirndlsaft oder Dirndlsekt angeboten werden, die kleine rote Frucht als Markenzeichen des Tals ist allgegenwärtig. Die berühmten Feuerflecke gibt es hier natürlich auch, dünn ausgewalzter gebackener Brotteig mit Fleisch oder Käse drauf.

Auf der Bühne unterhalb der Kirche werden die vier Kandidatinnen für das „Amt" der Dirndlkönigin vorgestellt. Vier junge Frauen, eine hübscher als die andere und alle vier nicht auf den Mund gefallen, haben Wissenstests und Befragungen durch die Jury, bestehend aus den

acht Bürgermeistern des Tals, bestens bestanden, mit nur wenigen Punkten Unterschied. Die scheidende Dirndlprinzessin fasst ihre Erfahrungen zusammen: „Früher war ich ein kleiner Hosenscheißer, aber mit der Zeit kummt ma doch in die Hosn!" Sie zerdrückt ein paar Tränen zum Abschied, die scheidende Dirndlkönigin auch: „Ich wünsche meiner Nachfolgerin so viele schöne Erlebnisse wie ich g'habt hab!" Die allgemeine Neugier steigt: Wer von den vieren macht das Rennen? Erst ertönt eine schlichte Fanfare für die neue Dirndlprinzessin: „Jacqueline Kendler aus Hofstetten-Grünau", teilt der Moderator mit und das Publikum ist begeistert. Nun kommt die opulentere Fanfare: „Und die neue Dirndlkönigin ist Kathrin Patscheider aus Rabenstein!" Natürlich muss jetzt – dem höheren Adelsrang entsprechend – der Applaus noch heftiger sein. Königin und Prinzessin als Botschafterinnen ihres Tales werden mit Pielachtaler Dirndln ausgestattet, eines von Petra Krals und Gabi Stiefsohns „Dirndleck" in Hofstetten, das andere von Anneliese Kaiser, seit Jahrzehnten hier die „Grande Dame" der Dirndlschneiderei.

Die beschreibt auch gleich das Pielachtaler Dirndl: „Mit dem grünen Rock, dem roten Mieder und der grün-rot-goldenen Schürze wiederholt es die Farben des Dirndlstrauches. Der Rückeneinsatz ist wie bei Salzburger Trachten, entsprechend der Tradition der Holzknechte vor 200 Jahren." Dutzende von Maßdirndln fertigt Anneliese Kaiser jedes Jahr, für Privatkunden genauso wie für Trachtenvereine. Jetzt gibt's noch Dirndlkernschmuck vom „Bertl" Groiß für die Dirndlprinzessin und die Dirndlkönigin, die hörbar gerührt ist: „Super, i gfrei mi schon drauf, gemeinsam mit der Jacqueline das Dirndltal zu vertreten."

* * *

„Es regnet. Und kalt ist es auch!"
„Soll das heißen, es wird vielleicht ein Tag für deinen berühmten Satz: ‚Wenn's jetzt regnet, dann schneit's?"
„Nein, wir sind im Sommer! Da schneit's nicht! Schon gar nicht im Pielachtal!"
„Aber wenn es dich nach Schnee gelüstet, könnten wir in die Nixhöhle hinter **Frankenfels** gehen!"
„Was soll das bedeuten?"
„*Nix* bedeutet auf Lateinisch ‚Schnee' und *Nix* werden auch die weißen Sinterablagerungen in der Nixhöhle genannt!"

Wir treffen Albin Tauber am Parkplatz neben dem Aufgang zur Nixhöhle.
Er, der pensionierte ÖBB-Beamte, ist der Chef der Nixhöhlen-Führer. „1410 Meter lang ist die Nixhöhle, in einer Richtung werden wir 521 Stufen gehen, also hin und zurück 1042!", bereitet er uns auf die „Unterwelt" vor. Zunächst geht es aber einmal etwa 500 Meter durch den Wald hinauf bis zum Höhleneingang. „Wenn jemand Bedenken hat, in die Höhle zu gehen, den frag ich dann: ‚Was ist heut für ein Tag? Ein ungerader? Da passiert sicher nix. Und morgen? Da auch nicht!'", scherzt Tauber, als er das Tor öffnet. Das Scherzen macht er ziemlich geübt: „Und den Herren sag ich immer: ‚Achtung, jetzt ist Multitasking gefragt, auch wenn das Männern angeblich schwerfällt.' Man muss gleichzeitig aufpassen auf den rutschi-

gen Boden, die Stufen und dass man sich nicht den Kopf am Felsen anhaut!" Wir deklarieren uns als multitaskingfähig. Schon öffnet sich uns eine Höhlenwelt voller bizarrer Felsformen, karstiger Spalten und Klüfte. „Fledermauskluft" heißt so eine Formation. „Übrigens: Verschiedenste Fledermausarten suchen Zuflucht in der Höhle", erklärt Herr Tauber. Tatsächlich sehen wir eine flattern, obwohl ihre Artgenossen doch erst im Herbst hier Quartier für den Winter suchen. „Da, das ist Nix!" Er zeigt auf einen breiten, hellen Sinterstreifen, davor ein Schild „Riesengletscher". Wie ein Gletscher sieht der Nix hier wirklich aus. Bergmilch wird er auch genannt. Fest und bröselig zugleich. Wasser, Kohlensäure und Huminsäuren (die entstehen durch Abbauprozesse biologischen Materials) lösen den Kalk, so bildet sich der Nix an vielen Stellen der Höhle. Auch Höhlenbären hat es in der Eiszeit hier gegeben, es wurden über

20000 Jahre alte Knochenreste gefunden. Heute lässt sich nur mehr ein Teilskelett bewundern. Weiter hinten in der Höhle dann die Tropfsteingebilde, die die Fantasie beflügeln: „Dort, das sitzende Skelett, der Fischkopf und die Madonna!" Ganz am Ende die malerischsten Stalagmiten und Stalaktiten, große und ganz kleine. Noch immer tropft das Wasser von den Wänden, wiewohl seit ein paar Millionen Jahren. Gut einein-halb Stunden lassen wir die Wunder der Nixhöhle auf uns wirken, ehe wir wieder oben am Ausgang ankommen. „Ein faszinierender Ausflug", bedanken wir uns bei Albin Tauber. Wie ist er eigentlich Höhlenführer geworden? „2003 wurde jemand gesucht, da habe ich mich gemeldet. Nach und nach hat mich die Höhle wirklich begeistert." Tauber hat deshalb viele Kurse besucht, viel gelesen, er pflegt Kontakt mit Geologen und Höhlenexperten und ist selbst zum Experten geworden. Die Begeisterung merkt man ihm an, auch noch als wir dann gemeinsam im Voralpenhof in Frankenfels Mittag essen. Auch Regentage haben im Pielachtal viel Schönes.

Sitzendes Skelett
Fischkopf
Madonna

Rezepte

Zutaten (für 4 Personen):
ca. 200 g gemischte junge
saisonale Wildkräuter (z. B.
Wegerich, Knoblauchrauke,
Schildampfer, Löwenzahn-
blätter, Sauerampferblätter,
Bärlauchblätter und -blüten,
Krenblüten, Melde, Hirten-
täschel, Taubnessel mit
Blüten, Veilchenblüten etc.)
ca. 100–150 g Kopfsalat
(oder sonstigen Binde- oder
Schusssalat)

Für die Marinade:
2 EL Naturjoghurt
1 TL Senf
1 EL Olivenöl
1 TL Balsamico-Essig
etwas frische Germ oder
Bierhefe
eine Prise Salz, etwas Pfeffer
ca. 100–150 g Kopfsalat
(oder sonstigen Binde- oder
Schusssalat)

Zutaten (für 4 Personen):
1 Karotte
2 Gelbe Rüben
½ Sellerie
400 g Zwiebeln, fein geschnitten
Öl zum Anbraten
1 kg Ragoutfleisch vom
Rehbock (Kleine Schale oder
Ähnliches)
Thymian und Rosmarin
1 EL Tomatenmark
½ l Zweigelt
1,5 l Wildfond oder Rindsuppe,
nicht gesalzen
2 EL Preiselbeeren
100 g Schwammerl (tief-
gekühlt oder frisch)
Maizena fix oder Butter-Mehl-
„Gmachtel" (Einbrenn)

Frühlingskräuter-Salat
Rezept von Annemarie und Hans Weiß/Naturhotel
Steinschalerhof,Rabenstein

Kräuter und Salatblätter gut waschen, abtropfen lassen, zu den
Wildkräutern den Salat nach Gusto dazumischen, da sonst eventuell
der Geschmack der Kräuter zu intensiv sein kann, alle Zutaten für die
Marinade cremig verrühren, mit Kräutern und Salat vermischen.

Ragout vom Reh oder Hirsch
Rezept von Hubert Kalteis/Gasthof Restaurant Kalteis, Kirchberg an der
Pielach

Das Fleisch in ca. 3 cm große Würfel schneiden, scharf im Kochtopf anbraten, herausnehmen und mit Salz, Pfeffer und den Gewürzen einrei-
ben. Im Kochtopf die Zwiebeln und das gewürfelte Gemüse glasig rösten,
Tomatenmark lange mitrösten. Mit dem Rotwein ablöschen, auf die Hälfte
einreduzieren und dann mit dem Fond aufgießen. Fleisch zugeben und
im vorgeheizten Rohr (Oberhitze/Unterhitze) bei 150 °C weich dünsten
(ca 1,5 Stunden). Wenn das Fleisch weich ist, die Schwammerln und die
Preiselbeeren unterrühren und mit Maizena fix dunkel oder mit einer
Einbrenn binden.

Mostbratl

Rezept von Theresia und Hubert Kalteis/Gasthof Restaurant Kalteis, Kirchberg an der Pielach

Kletzen und Dörrzwetschken ein paar Stunden in Wasser quellen lassen und in Stücke schneiden. Semmelwürfel salzen und mit den mit Milch verquirlten Eiern übergießen, danach Petersilie untermengen.

Rindfleisch der Länge nach aufschneiden (Faltschnitt) und leicht plattieren, mit Salz und Pfeffer würzen. Die Semmelfülle in der Mitte auftragen, Zwetschken und Kletzen darauf verteilen und das Fleisch wie eine Roulade mit Spagat binden.

In heißem Öl kräftig anbraten und aus der Pfanne heben. Wurzelwerk und Tomatenmark anrösten und mit dem Most ablöschen, etwas einreduzieren lassen, Rindsuppe zugießen, den Braten einlegen und im vorgeheizten Rohr (Oberhitze/Unterhitze) bei 180 °C garen. Fleisch herausnehmen und rasten lassen. Bratensaft passieren und wenn nötig mit etwas Stärke binden, abschmecken.

Zutaten (für 4 Personen):
1–1,2 kg Hinteres Ausgelöstes vom Rind
etwa 1 Handvoll grob geschnittenes Wurzelwerk
Salz, Pfeffer
1 EL Tomatenmark
½ l Most aus dem Pielachtal
½ l Rindsuppe

Für die Fülle:
3 Semmeln, würfelig geschnitten
2 Eier
$\frac{1}{8}$ l Milch
Salz,
1 EL geschnittene Petersilie
2 Kletzen (getrocknete Birnen) oder frische Birnen
8–10 Dörrzwetschken

INFORMATIONEN

Tourismusverband Pielachtal
Schloßstraße 1
3204 Kirchberg an der Pielach
Tel.: +43-2722-7309/25
E-Mail: tourismus@pielachtal.info
www.pielachtal.info

Nixhöhle
Info im Gemeindeamt, Marktgemeinde Frankenfels
Markt 10
3213 Frankenfels
Tel.: +43-2725-245
E-Mail: marktgemeinde@frankenfels.at
www.frankenfels.at

Nixhöhlenführer Albin Tauber
Tel.: +43-2725-57005 und +43-681-10414561

Veronika Riegler (Fuchsien-Vroni)
Rehgrabengegend 4
3211 Loich
Tel.: +43-2722-8355 und +43-664-5653 785
E-Mail: fuchsien.vroni@live.at

ESSEN UND WOHNEN

Naturhotel Steinschalerhof (& Restaurant)
Familie Weiß
Warth 20
3203 Rabenstein
Naturhotel Steinschaler Dörfl
Taschlgrabenrotte 2
3214 Frankenfels

Kontakt für beide:
Tel.: +43-2722-2281
E-Mail: office@steinschaler.at
www.steinschaler.at
http://steinschaler.dirndlwiki.at

Gasthof Restaurant Kalteis
Melkerstraße 10
3204 Kirchberg an der Pielach
Tel.: +43-2722-7223
E-Mail: kalteis.hubert@aon.at
www.kalteis.at

Voralpenhof (Restaurant/Zimmer)
Josef und Petra Hofegger
Rosenbühelrotte 43
3213 Frankenfels
Tel.: +43-2725-401
E-Mail: voralpenhof@aon.at
www.voralpenhof.com/

EINKAUFEN

Bäckerei Penzenauer
Marktplatz 25
3203 Rabenstein an der Pielach
Tel.: +43-2723-2222
E-Mail: martin.penzenauer@newsclub.at

Fleischerei Hubmayer
Soisstraße 1
3204 Kirchberg an der Pielach
Tel.: +43-2722-7411
E-Mail: dirndltal-fleischerei@gmx.at

Bauernhof Familie König (Schafkäse)
„Hof am Eck"
Tradigist 33
3203 Rabenstein
Tel.: +43-2722-2208
E-Mail: familie-koenig@aon.at

Oachner-Hof (Dörrobst)
Herta und Hans Griesauer
Warth 2
3203 Rabenstein
Tel.: +43-2722-7193
E-Mail: johann.griesauer@gmx.at

Mostbaron
Informationen über diverse Mostbaron-Betriebe:
www.mostbaron.at

Engelbert Groiß (Dirndlschmuck)
Schwerbachgegend 85
3204 Kirchberg an der Pielach
Tel.: +43-2722-7237

Dirndleck (Trachten und mehr)
Gabi Stiefsohn und Petra Kral
Hauptplatz 9
3220 Hofstetten-Grünau
Tel.: +43-2723-8055
E-Mail: info@dirndleck.at
www.dirndleck.at

Anneliese Kaiser (Dirndlmacherin)
Mariazeller Straße 72
3202 Hofstetten-Grünau
Tel.: +43-2723-2791

In Scheibbs
und um Scheibbs

„Franz, auf welchem Weg fahren wir diesmal in die Ötscherregion?"

„Auf der Autobahn von Wien bis Ybbs und dann über Wieselburg nach Scheibbs."

„Wieselburg? Bier? Volksfest?"

„Genau. Das mit der Brauerei und der Messe. Und den Most nicht zu vergessen. Gehört ja alles zum Mostviertel."

„Und was hat das mit dem Ötscherland zu tun?"

„Wieselburg ist so etwas wie ein Tor zum Ötscherland. Schon die Römer hatten das heutige Mostviertel für sich entdeckt, sie verdrängten um Christi Geburt die Kelten. In der Völkerwanderungszeit ist die Gegend verödet. Aber Kaiser Otto II., der Sohn von Otto dem Großen, hat das Land um 979 dem später heiliggesprochenen Bischof Wolfgang von Regensburg geschenkt. In der Schenkungsurkunde sind die Orte Wieselburg und Steinakirchen erwähnt. So begann eine Wiederbesiedelung der Gegend."

„Woher weißt du das alles?"

„Dieser Tage hab ich's nachgelesen, wegen unseres geplanten Ausfluges. Man sieht bekanntlich nur, was man weiß."

„Na, dann werden wir viel sehen!"

* * *

Wieselburg ist ein Musterbeispiel dafür, wie gut es ist, sich von Vorurteilen zu lösen. Der Ort erschließt sich nicht auf Anhieb, aber mit ein bisschen Aufmerksamkeit ist er interessant und unterhaltsam, auch abseits von Bier und Wieselburger Messe. Wir peilen das Rathaus an. Ein Bau, der aus-

sieht wie ein kleiner Bruder eines typischen Wiener Gemeindebaus aus der Zwischenkriegszeit. Kein Wunder, denn er stammt auch aus den 1920er-Jahren und vom Wiener Architekten Anton Valentin, der zahlreiche Gemeindebauten errichtet hat. Im Bürgerservice erkundigen wir uns: „Wann ist bitte das Museum für Ur- und Frühgeschichte geöffnet?" „Wenn ich mit Ihnen hinübergehe", schmunzelt die zuständige Dame. „Um 13 Uhr?" – „Um 13 Uhr!" Somit haben wir noch eine Stunde Zeit und gehen die Kirche anschauen. Sie liegt auf dem Kirchberg und hat einen ganz außergewöhnlichen alten Teil, ein ottonisches Oktogon. Das war der achteckige Bau, den der Regensburger Bischof Wolfgang um 990 mitten in die vorhandene Wehranlage setzen ließ. Es ist das früheste erhaltene Sakralgebäude aus der Babenbergerzeit, ein kunsthistorisches Juwel. Historiker nennen es „Steinerne Urkunde Österreichs". Ottonischer Bau, Babenbergerzeit? Ganz einfach: Kaiser Otto II. hatte nicht nur dem

Bischof Wolfgang von Regensburg die Gegend am Zusammenfluss der Großen und Kleinen Erlauf geschenkt, sondern auch 976 den Markgrafen Luitpold mit der Mark an der Donau belehnt. Mit diesem Luitpold, also Leopold I., begann die Herrschaft der Babenberger.

Heute sind nur noch fünf Seiten des Oktogons erhalten, denn in der Zeit der Spätgotik wurden drei Achtel entfernt und eine zweischiffige Hallenkirche an den verbleibenden Rest angesetzt. Erst bei Renovierungsarbeiten 1952 wurde entdeckt, dass das, was wie eine Kirchenapsis aussah, einmal ein selbstständiger Bau, eben ein Oktogon aus der Zeit der Ottonen, gewesen sein musste.

„Mir fallen dazu berühmte oktogonale Bauten als Vergleiche ein. Das frühchristliche Oktogon der Kirche San Vitale in Ravenna aus dem 6. Jahrhundert und der Aachener Dom, ein Oktogon aus der Zeit um 800. Oktogonale Zentralbauten sind ein Typus des frühmittelalterlichen Kirchenbaus, ehe die langschiffige Basilika die gebräuchlichste Form wurde."

„Da bricht jetzt die Kunsthistorikerin aus dir heraus!"

„Manche Dinge haben sich mir halt über die Jahrzehnte eingeprägt. Schau dir dort die Freskenreste an, sie stammen aus dem 11. Jahrhundert und zählen zu den ältesten mittelalterlichen Monumentalmalereien in Österreich!"

Draußen vor der Kirche hat uns dann die profane Gegenwart wieder. Denn als wir hinunter in den Ort spazieren, fallen uns Wandmalereien ganz anderer Art auf, nämlich jene auf dem Gebäude der Fleischerei Moser. Gusto auf eine Schinkensemmel?

Immer! Der Moser'sche Schinken ist bekannt und wird seinem guten Ruf gerecht, finden wir, als wir am Weg zum Schloss Wieselburg in unsere Schinkensemmeln beißen.

Neben dem Schloss stehen steinerne Figuren, die große Flüsse der Monarchie symbolisieren, nämlich Salzach, Enns, Raab, Mur und Traun. Diese kamen aus Wien, sie standen ursprünglich am Danubius-Brunnen am Fuße der Albertina. Im Zweiten Weltkrieg wurde der Brunnen beschädigt und danach bei der Wiedererrichtung verkleinert. Die übrig gebliebenen Figuren verschenkte die Stadt Wien an verschiedene Gemeinden, fünf davon an Wieselburg. Inzwischen sind die Originale wieder auf die Albrechtsrampe in Wien zurückgekehrt, Wieselburg erhielt Abgüsse der Statuen. Neben dem Schlosseingang steht eine Figur, die auf ganz andere Art etwas Besonderes ist: der „Wehrmann im Eisen" aus der Zeit des Ersten Weltkriegs. Er hat seinen Namen von den Eisennägeln, die diejenigen einschlagen durften, die für die Kriegskasse der Monarchie Geld gespendet hatten.

Es ist nun 13 Uhr und schon kommt Andrea Eder, die Dame aus dem Rathaus, in den Hof des Schlosses, um für uns das Museum für Ur- und Frühgeschichte aufzusperren. Das ist klein, aber hochinteressant. Denn es birgt in zwei Räumen viele wertvolle Funde aus der Gegend, Leihgaben von privaten Forschern und Sammlern: ein Schwert aus der Eisenzeit zum Beispiel, eine Urne aus der Bronzezeit, Gefäße aus der Urnenfelderzeit, römische Gewandspangen, eine Diana-Statuette, den Mercurius von Scheibbs. Lauter Zeugen frühester Besiedelung der Gegend. „Toll präsentiert ist das

alles für die Besucher", loben wir. „Viele sind es nicht, vielleicht dreimal im Jahr kommt wer", sagt Frau Eder. Kaum zu glauben. Aber offenbar assoziieren wirklich die meisten Wieselburg nur mit Bier. Auch wir schauen natürlich noch bei der Brauerei vorbei. Fürs dortige Biermuseum muss man sich zwar langfristig und in Gruppen anmelden, aber im Shop lassen sich zum Trost ein paar Flaschen *Wieselburger* erwerben, die mit dem netten Bügelverschluss.

Wir haben inzwischen – trotz Moser-Schinkensemmel – einen Bärenhunger.
Namensmäßig passend entdecken wir in einem Prospekt der „Mostviertel-Werbung", dass es im nahen Ort **Petzenkirchen** einen „Bärenwirt" gibt. Petz und Bär, kein Zufall! Denn der Sage nach hat in dieser Gegend einst ein Ritter einen riesigen Bären besiegt und zum Dank dafür eine Kirche bauen lassen. Was den Ortsnamen Petzenkirchen erklärt und auch den Namen „Bärenwirt". Dort lacht uns auf der Speisekarte gleich eine Mostschaumsuppe an. Und eine geschmorte Kalbsschulter. „Eine kleine Portion bitte." Die Präzisierung der Kellnerin ist knapp: „Also einen Seniorenteller." „Nein", lachen wir, „einfach eine kleine Portion." Als eine riesige Portion kommt, staunen wir: „Das ist klein?" „Kleiner", lacht jetzt die Kellnerin. Jedenfalls sind sowohl die Mostschaumsuppe als auch die Kalbsschulter wirklich köstlich. Kein Wunder, wir entdecken nämlich, dass wir in einem Lokal mit einer Gault-Millau-Haube gelandet sind.
Der Bärenwirt Erich Mayrhofer ist gerade auf Urlaub, aber im Nebenraum hängt ein Bild vom Wirt mit Bär. Es ist ein Bild des Malers Josef Bramer. Der ist zwar in Wien geboren und studierte dort bei Rudolf Hausner, ging aber in Scheibbs zur Schule und ist der Gegend nach wie vor sehr verbunden. Auch dem Bärenwirt. Bei späteren Ausflügen in die Gegend haben wir den Chef Erich Mayrhofer dann persönlich kennen- und ihn wie seine Küche immer noch mehr schätzen gelernt. Ob Saiblingsfilet auf Kürbisrisotto oder Rostbraten – wir finden, das Schild „Kochen ist Liebe" steht zu Recht auf einer Fensterbank. An einem Ecktisch im Gastraum hat ein junges Paar Platz genommen und beginnt, eine Reihe von Flaschen aufzustellen. „Kennt ihr sie?", fragt uns Herr Mayrhofer. Wir schütteln den Kopf. Aber jetzt lernen wir sie kennen: Josef Farthofer und Doris Hausberger, die mit ihrer Edeldestillerie „Mostelleria" im Ort Öhling im Bezirk Amstetten schon viele Fans gewonnen haben. Hier beim „Bärenwirt" will Josef Farthofer diesmal ausprobieren, welcher seiner Dessertweine Mostello am besten zu welchem Mayrhofer-Dessert passt. ‚Der O-Vodka bio' von Farthofer ist als der weltbeste Biovodka ausgezeichnet worden", macht uns Mayrhofer aufmerksam. Wir kosten ihn ein anderes Mal, diesmal müssen wir noch Auto fahren (die Verkostung in der Folge bei uns daheim hat uns mehr als überzeugt).

Ein Plakat fällt uns auf: *Das Ötscherland-Dirndl. Das Grün symbolisiert Wiesen und Wald im Ötscherland. Exklusiv im Raiffeisen-Lagerhaus Purgstall.*
„Wie lange hab ich schon kein Dirndl mehr angehabt? Seit mindestens 30 Jahren!"
„Willst du eins probieren?"

Eine halbe Stunde später ist eines probiert und erworben.

„Das macht Spaß, auch wenn der eigene Anblick im Dirndl ungewohnt ist!"

* * *

Annäherung an **Scheibbs**. Was assoziieren wir mit Scheibbs? Georg Danzers Liedtext „Von Scheibbs bis Nebraska, des is a brada Weg", zum Beispiel. Und sonst? Der Zungenbrecher – zum ganz schnell Nachsprechen: Schneibt's in Scheibbs? Ja, in Scheibbs schneibt's! (Für Dialektunkundige: In Scheibbs schneit es.) Und: Scheibbs war der erste Ort der k. u. k. Monarchie mit elektrischer Straßenbeleuchtung! Dank unserer in Scheibbs wohnhaften Bekannten Christa und Peter Henke – die wir weitab vom Ötscherland in unserer Zweitheimat Friaul kennengelernt haben – assoziieren wir auch noch „Scheibbser Kugeln" mit der Stadt. Eine Köstlichkeit aus Schokolade, Marzipan und Nussmakronen! Also ist die Konditorei Reschinsky im Herzen von Scheibbs gleich einmal unsere erste Station. Erstens, um ein paar dieser Kugeln zu kaufen, und zweitens, um zu fragen, ob wir uns deren Herstellung einmal ansehen und fotografieren dürfen. Chefin Anita Reschinsky verspricht es.

Jetzt beziehen wir einmal unser Quartier im schmucken „Gästehaus Schabel-Zehetner", in dem wir

uns schon sehr wohlgefühlt haben, als wir anlässlich einer Präsentation unserer Friaul-Bücher dort übernachtet haben. Haus und Garten mit viel Liebe zu pflegen und die Gäste freundlichst zu umsorgen, ist Petra Schabel-Zehetners Leidenschaft. Ihr Mann Martin unterstützt sie dabei mit viel Energie. Was in dem an Unterbringungsmöglichkeiten nicht eben reichen Scheibbs zum gerne Wiederkehren veranlasst. Wir haben von Petra Schabel-Zehetner bei diversen Besuchen auch einiges über die Küche der Region erfahren. Zum Beispiel, dass eine einfache Stosuppe ebenso fein schmeckt wie ein Mostpudding.

Scheibbs ist eine Stadt mit wahrhaft wechselhafter Geschichte. Der Name soll sich von einem Otto de Schibis, einem Dienstmann der Grafen von Peilstein, herleiten, zu deren Herrschaftsgebiet der Ort gehörte. Urkundlich wurde sie erstmals 1160 erwähnt. Aber die Sage zur Namensgebung ist unterhaltsamer. Die Kürzestfassung: Ein Wassermann ist aus dem Fluss Erlauf gestiegen und hat an einem Sommerfest mit vielen Spielen teilnehmen wollen, hat dort seine Silberscheibe mit Schwung über den Boden gerollt und den erschreckten Leuten dabei zugerufen: „Scheibts!" Seit damals heißt der Ort nicht mehr Unterdenbergen, sondern Scheibbs. Noch heute zeigt das Wappen der Stadt eine Helmzier samt einem bärtigen Mann mit einer Scheibe in der Hand. Heraldiker wissen natürlich, dass es sich dabei nicht um den sagenumwobenen Wassermann, sondern um einen auf Wappen üblichen „Schildhalter" handelt. Aber wer nimmt das schon so genau! Wir haben übrigens die drei Scheiben auf dem Hauptteil des Wappens von Scheibbs anfänglich für Kugeln gehalten. Was wohl auf die eindrucksvollen Reschinsky-Kugeln zurückzuführen ist. Auf die kommen wir gleich zurück.

Ein Spaziergang durch Scheibbs ist ein Spaziergang durch die Geschichte der Stadt. Die Stadtpfarrkirche St. Magdalena ist mit dem fast 60 Meter hohen Turm nicht zu übersehen, eine dreischiffige gotische Hallenkirche, die wegen ihrer Größe auch „Dom des Erlauftales" genannt wird. Zwischen dem Rathaus und der Kirche spielt sich viel vom Scheibbser Leben ab. Zum Beispiel beim Erntedankfest, bei dem von den Frauen mit den traditionellen Scheibbser Goldhauben bis zu Bürgermeisterin Christine Dünwald alle dabei sind, denen das Miteinander wichtig ist. Die stattlichen Bürgerhäuser spiegeln wider, wann der Ort zu einem der bedeutenden Handelsplätze aufstieg. Denn mächtige Proviant- und Eisenhändler hatten hier das Sagen, seit Scheibbs 1538 zum Innerbergischen Hauptmarkt erhoben wurde. Das bedeutete, dass alle überschüssigen Lebensmittel aus dem Umkreis von vier Meilen um die Stadt nach Innerberg (so hieß damals Eisenerz) geliefert werden mussten. Scheibbs, Gresten und Purgstall waren die drei Proviantmärkte. Im Gegenzug wurde Eisen angeliefert und in zahlreichen Hammerwerken weiterverarbeitet. Proviantweg und Eisenstraße – das brachte Wohlstand. Die „Privilegierten Eisen- und Provianthändler" zählten zu den einflussreichsten Bürgern.

Es trug sich aber auch Erstaunliches zu, das schreibt jedenfalls der Schriftsteller Fritz von Herzmanovsky-Orlando. In seiner 1928 erschienenen Schnurre „Der Gaulschreck im Rosennetz" ist zu lesen:

Viel gab´s im Amte zu tun. Das kam so: Die Stadt Scheibbs hatte rastlos, seit Dezennien schon, um einen zweiten Donnerstag in der Woche gebeten. Man war höheren Ortes nachgerade erstaunt, daß die Scheibbser schon wieder etwas wollten. Hatte man ihnen doch kurz vorher das zweite weiche kleine „b" im Stadtnamen bewilligt, da ein paarmal peinliche sinnstörende Schreibfehler vorgekommen waren. Das war schließlich begreiflich und nicht unbillig. Aber der zweite Donnerstag! Schon unter Kaiser Joseph hatte es angefangen. Dieser aufgeklärte Monarch hielt es für Irrsinn. Doch die zähen Scheibbser (jetzt mit zwei weichen „b") petitionierten wieder und immer wieder, hartnäckig, wie es eben nur Scheibbser sein können. Jetzt fing die Sache an, in weiteren Kreisen Beachtung, und zwar missbilligende Beachtung, zu finden.

Nach vielerlei Aufregung stellte sich jedenfalls heraus, dass die Stadt keinen neuen Kalender und auch sonst keine Revolution im Sinn hatte:

Die Scheibbser hatten sich nur ungeschickt ausgedrückt und bloß einen zweiten Markttag gewollt, der in ihrem Sprachgebrauch mit dem Begriff Donnerstag identisch war. Jetzt gaben sie Ruhe und waren froh, dass sie das dritte weiche „b", das man ihnen als Ablenkung hatte geben wollen, immer mannhaft zurückgewiesen hatten.

Zurück in die Wirklichkeit. Morgens läutet unser Mobiltelefon. Frau Reschinsky teilt uns mit: „Jetzt können Sie kommen, die Produktion der Scheibbser Kugeln anschauen!" Wir halten unser Frühstück in der Pension Schabel-Zehetner also kurz und fahren ins Zentrum zu dem schönen Gebäude, in dem sich die Konditorei Reschinsky befindet. Das Haus aus dem 16. Jahrhundert mit einer hübschen Biedermeierfassade war einst ein Verwaltungsgebäude des Walzblechwerkes des Andreas Töpper, eines der bedeutendsten Unternehmer der Donaumonarchie. Über ihn wollen wir später erzählen.

Anita Reschinsky führt uns in die Räume hinter der Konditorei. Dort ist ihr Sohn Florian eben dabei, mit Nougatcreme gefüllte Makronenbusserln in eine dünne Marzipanschicht einzurollen. Dann geht es für die Kugeln und uns einen Stock höher hinauf. Eine Maschine für den Schokoladeüberzug steht da. Rauf mit den Kugeln, die Schokolade rinnt drüber und auf einem langen Fließband wandern die Kugeln weiter, ehe sie am Ende in Papierförmchen und auf große Bleche gesetzt werden. Gusto ist als Beschreibung ziemlich untertrieben für das, was wir beim Zuschauen entwickeln! Und als uns Frau Reschinsky noch ein Stockwerk höher zeigt, wie Hunderte Schaumrollen gemacht werden, ist's mit unserer Selbstbeherrschung vorbei: Es muss nun auch etwas gekostet werden. Wie gut, dass das Frühstück nur ein rasches war!

Nach den süßen Köstlichkeiten ist jetzt Kultur fällig. Wir spazieren zum Schützenscheibenmuseum am Rathausplatz. Prächtig bemalte Schützenscheiben erzählen vom Brauchtum des Schützenwesens, beginnend vom Vogelschießen, als mit Armbrüsten auf einen Holzvogel geschossen wurde, was Glück bringen sollte, über das Aufkommen des Gewehrs, als dann auf Holzscheiben gezielt wurde, bis zum Schützenverein als modernem Sportverein. Scheibbs hat auch nette Geschäfte. Die Buchhandlung Ebner zum Beispiel, sie ist eine

der ältesten Österreichs, ab 1706 gab es hier auch eine Buchbinderei. Jetzt nicht mehr, aber Rudolf Ebner zeigt uns noch die schönen alten Werkzeuge. „Es beginnt zu regnen. Wär da nicht ein Besuch des Scheibbser Keramikmuseums sinnvoll?"

„Natürlich! Der ist auf jeden Fall sinnvoll! Wir wollen doch schon lange die Beziehungen der Scheibbser Keramik mit den Künstlern der *Wiener Werkstätte* näher kennenlernen!"

Das Museum im Norden der Stadt ist in einem ehemaligen Hammerwerk untergebracht, genau dort, wo 1923 der aus Wien stammende Gärtner Ludwig Weinbrenner die „Tonindustrie Scheibbs" gegründet hatte. Das Ehepaar Johanna und Hans Hagen Hottenroth hat seit 1992 die Geschichte der Scheibbser Keramik erforscht und zeigt mehr als 2000 Objekte im Museum. Hans Hottenroth nimmt sich persönlich Zeit, um uns durch die Sammlung zu führen. Er erzählt: „Weinbrenner hatte auf seinem Grundstück ein kleines Tonvorkommen entdeckt und wollte mit jungen Künstlern der Wiener Werkstätte zusammenarbeiten." Die Wiener Werkstätte war nach 1903 in Kunst und Kunsthandwerk stilbildend für Jugendstil und Art déco. Weinbrenner holte also zunächst die Wiener-Werkstätte-Künstler Rudolf Knörlein und die Schwestern Elisabeth und Gundi Krippel, später Hilde Heger und Helene Dörr. Mit ihnen zog er die kunstkeramische Produktion auf. „Weinbrenner war die Hölle", brummt Hottenroth, „er ist immer den Mädels nachgestiegen. Aber entstanden sind unglaublich kreative Dinge." Die Objekte in den Vitrinen, die Köpfe und Figuren, die Vasen und Kerzenhalter, die Teller und Schalen, die Deckeldosen und Lampenfüße – alle sind bunt, fröhlich, ausdrucksstark. Viele, die in direkter Kooperation mit der *Wiener Werkstätte* entstanden, tragen sowohl den Scheibbser Stempel als auch die berühmte WW-Marke der *Wiener Werkstätte*.

Auch Gudrun Baudisch, eine der wichtigsten Keramikerinnen der *Wiener Werkstätte*, war oft bei Weinbrenner zu Gast. 1946 gründete sie dann die *Hallstätter Keramik*. Nach 1929 ging Weinbrenners Firma in Konkurs, Nachfolgefirmen konnten an die einstige Bedeutung nicht mehr anschließen. Heute führt die *Lebenshilfe Niederösterreich* die Tradition der Scheibbser Keramik fort. Wir schauen auch im jetzigen Verkaufslokal vorbei und finden durchaus hübsche Produkte.

Jetzt ist noch Zeit, kurz auf den Blassenstein hinaufzufahren. Eine schmale Straße führt zu dieser Aussichtswarte. Unterwegs öffnet sich ein schöner Blick auf den Ötscher. Vom Parkplatz noch eine Viertelstunde zu Fuß weiter und schon hat man ganz Scheibbs zu Füßen.

* * *

Scheibbs, Gresten und Purgstall – das waren wie erwähnt die sogenannten „Drei Märkte", die den Erzberg mit Proviant versorgten und dafür Roheisen weiterverarbeiteten. Kein Zweifel also, ein Ausflugstag muss in diese Orte der Scheibbser Umgebung führen. Die knapp 15 Kilometer von Scheibbs nach **Gresten** sind rasch geschafft, einen kleinen Abstecher nach **Reinsberg** inklusive. Die Ruine mit der Sommerbühne ist ja ein beliebtes Kulturzentrum. Die Landschaft ist an diesem Sommermorgen noch etwas nebelverhangen, aber idyllisch. An diesem Vormittag hatte der uns mehrfach empfohlene „Gasthof Stadler" noch geschlossen. Wie fein man dort bewirtet wird, haben wir bei einem Dezemberausflug selbst erfahren (siehe Schlusskapitel „Ein weihnachtliches Postskriptum!").

Im Ortszentrum von Gresten marschieren wir ins Gemeindeamt. Wir möchten jemanden finden, der uns ins Proviant-Eisen-Museum lässt. Aber: Irrtum! Falsches Gemeindeamt! Wir haben im Gemeindeamt Gresten-Land gefragt. Das befindet sich zwar mitten in Gresten-Markt, ist aber für die Nachbargemeinde zuständig. „Das Gemeindeamt Gresten-Markt steht am anderen Ende der Kirche", lautet die knappe Auskunft. Wir marschieren die 100 Meter dorthin und amüsieren uns: „Warum es hier wohl noch keine Gemeindezusammenlegung gegeben hat?" Später erfahren wir den Grund: Gresten-Land ist eine ÖVP-Gemeinde, Gresten-Markt eine SPÖ-Gemeinde. Bruno Pittermann, SPÖ-Chef vor Bruno Kreisky, hatte hier übrigens einen Zweitwohnsitz.

Im richtigen Gemeindeamt findet sich jemand, der bei einer Dame anruft, die die Schlüssel hat.

Zehn Minuten später kommt Ulrike Essl gelaufen und sperrt für uns das Museum auf. Es befindet sich im ehemaligen Karner der Kirche, zwei Räume im Erdgeschoss, zwei Räume im ersten Stock, voll von Vergangenheit. „Das Erz, das im Austausch gegen den Proviant vom Erzberg hierherkam, hatte oft schlechte Qualität. Es konnten nur Waren wie Schlösser oder Sicheln daraus gemacht werden", erzählt Frau Essl und deutet auf die erhaltenen Beispiele an den Wänden. Der Zunftkrug der Grestner Pfannen- und Kesselschmiede kann sich jedenfalls sehen lassen. Schön bemalte Schützenscheiben wie in Scheibbs gibt es auch hier und allerlei Kuriositäten. Zum Beispiel ein „Nabelschnur-Tascherl" aus dem 19. Jahrhundert: Darin wurde – so wie später der erste Zahn von Kindern – die zu einem Ring mehrfach geknotete Nabelschnur aufbewahrt. „Zu wichtigen Gelegenheiten musste jeweils ein Knoten

gelöst werden. Wenn dann alle offen waren, hatte der Betreffende es wohl zu was gebracht. Die Redewendung ‚es geht einem der Knopf auf‘ kommt daher", erklärt unsere Führerin.

„Wo liegt denn das Schloss Stiebar?", wollen wir nun wissen. „Einfach die Hauptstraße weiter, dann sehen Sie es rechts auf dem Hügel." Wir fahren also einfach die Hauptstraße entlang und da steht schon jenes Schloss, das nun Gabriela Seefried gehört. Die Schwiegermutter der „Gräfin von Seefried" war Elisabeth Marie von Bayern, eine Enkelin von Kaiser Franz Joseph I. Gabriela Seefried habe – so heißt es in einem Prospekt der Gemeinde Gresten – „zahlreiche gekrönte Häupter des europäischen Hochadels" hier zu Besuch gehabt. Im 19. Jahrhundert sei die Lyrikerin Marie von Ebner-Eschenbach hier ebenso zu Gast gewesen wie der Dichter Ferdinand von Saar oder der Maler Franz Alt.

Wir haben Lust auf einen Spaziergang und tun das entlang des Meridianweges. Der ist ja an sich bei Radfahrern sehr beliebt, aber heute sind wir Fußgänger dort alleine. Ganz normale Steine am Weg, aber auch Steine überraschender Art erwarten uns. Von Gresten in Richtung Randegg gehen wir, da weist ein Pfeil zum „Meridianstein". Das macht uns neugierig. Ein paar Schritte bergauf und wir stehen vor einem Steinkubus mit einer steinernen Weltkugel oben drauf. Das Schild daneben klärt uns auf: „Was hat Gresten-Land mit Le Mans, Freiburg, Gmünd und Catania gemeinsam? Den Meridian 15.00 Grad östlich von Greenwich beziehungsweise den 48. Breitengrad. ... Seit 1987 steht exakt fest, wo sich der 15. Längengrad mit dem 48. Breitengrad schneidet." Ein Team des Vermessungsamtes Scheibbs hat diesen Meridianpunkt hier gemessen.

Den nächsten außergewöhnlichen Stein entdecken wir auf dem Kirchenplatz im Ort **Randegg**: ein römischer Votivstein aus dem 2. Jahrhundert nach Christus, ist „das am frühesten bekannt gewordene Fundstück aus der ur- und frühgeschichtlichen Zeit des inneren Erlaufgebietes", wie ein verblichener Zettel am Karner nebenan vermeldet. Die Inschrift besagt: Der Stein war dem heiligen Marmogius gewidmet, einem keltischen Gott, der von den Römern mit ihrem Kriegsgott Mars identifiziert wurde. Gefunden wurde der Stein an der Mauer eines verfallenen Gebäudes in Richtung des Schlosses Perwarth.

Dorthin gehen wir nun aber nicht mehr zu Fuß, sondern wir kehren zum Auto zurück und fahren in Richtung Perwarth. Das Schloss ist ja seit Langem eine Ruine. Der daneben liegende ehemalige Meierhof ist aber renoviert. Wir spazieren rundherum und entdecken in einem Holzverschlag ein Modell, wie das Schloss einst ausgesehen hat. Von dem mächtigen Bau mit den runden Ecktürmen sind nur noch graue Mauerreste geblieben. Vor dem Meierhof kommen wir mit einer Dame ins Gespräch, die uns berichtet, wie intensiv sich der „Verein Meierhof" um die Restaurierung und Nutzung des schönes Gebäudes bemüht. Es stellt sich heraus, wir plaudern mit der Bürgermeisterin von Randegg, Claudia Fuchsluger. Sie zeigt uns auch noch das „Innenleben" des Meierhofes.

Da wurden Platz und Möglichkeiten für vielerlei Veranstaltungen und Feste geschaffen, in Tausenden Arbeitsstunden freiwilliger Helfer. Die Schlossruine gehört auch der Gemeinde. „Schauen Sie sich auch das Schloss in Wolfpassing an, dann wissen Sie, wie hier das Schloss auch einmal ausgesehen hat", empfiehlt uns Frau Fuchsluger.

Der nächste besondere Stein steht ein paar Kilometer weiter in **Wang**. Es ist ein Pranger. An solche Steinsäulen wurden ja oft noch bis ins 19. Jahrhundert Verurteilte gekettet und damit Schmähungen ausgesetzt. Ehe wir Purgstall ansteuern, müssen wir noch einen Halt in **Steinakirchen am Forst** machen und finden am Marktplatz einen weiteren Pranger. Der steht gleich neben einer Säule des 21. Jahrhunderts – einer Elektrotankstelle! Steinakirchen ist – wir haben es ja schon beschrieben – gemeinsam mit Wieselburg in jener Urkunde erwähnt, in der 976 Kaiser Otto II. dem Bischof Wolfgang von Regensburg diese Gegend schenkte. Der Name besagt: Es hat schon damals hier eine steinerne Kirche gegeben, was selten war, denn sonst gab es damals fast nur Holzkirchen.

Die jetzige Kirche wurde Ende des 15., Anfang des 16. Jahrhunderts gebaut und ist wirklich eine kunsthistorische Besonderheit: Sie hat innen eine durchgehende Empore, die sogar hinter dem Altar herumführt. Das gibt es sonst fast nirgends unter den spätgotischen Kirchen Mitteleuropas. Die Martinskirche in Amberg in Bayern könnte das architektonische Vorbild gewesen sein. Wir bestaunen diese Empore erst von unten aus dem Kirchenschiff, steigen dann die Stufen zu der Empore hinauf und gehen rundum. Wann hat man schon die Gelegenheit, auf diese Weise

einen barocken Altar und seine Holzkonstruktion von hinten zu bestaunen? Wir können uns gar nicht sattsehen.

Jetzt wird es Zeit, den vergleichenden Blick auf das Schloss **Wolfpassing** zu werfen. Der barocke Bau mit den vier runden Türmen an den Ecken wurde zwar in den 1990er-Jahren renoviert, gehört dem Bund, scheint aber kaum genutzt zu werden.

Weiter führt unser Ausflug nun in den dritten „Marktort" **Purgstall**. Zunächst verlangen dort unsere knurrenden Mägen ihr Recht. Kein Problem: Im „Gasthaus Teufl" kann dem auf höchst angenehme Weise per Schafkäse aus der Gegend, Steinpilzen mit Ei beziehungsweise gefüllter Schweinsbrust abgeholfen werden. Danach sind wir gestärkt für weitere Rundgänge.

Die Erlauf fließt durch Purgstall und hat über die Jahrtausende eine malerische Schlucht ins Gestein gegraben. Diese wird samt dem umliegenden Wald „Prater" genannt, denn Kaiser Franz II. soll bei einem Besuch hier gesagt haben: „Hier ist es so schön wie bei mir im Wiener Prater." Das Ufer wurde immer wieder unterspült, sodass einst sogar ein Trakt des Schlosses Purgstall in den Fluss stürzte. Uns fallen die Geländer der 1909 errichteten Graf-Schaffgotsch-Brücke auf: Diese sind identisch mit den berühmten Jugendstilgeländern der Wiener Stadtbahn. In der Jubiläumsstraße begegnet uns ein alter Herr, als wir eben vor jenem Haus stehen, in dem 1916 der Maler Egon Schiele gewohnt hat. Der leistete im Nachbarort Mühling seinen Militärdienst als Schreiber in der Station für kriegsgefangene Offiziere. Diese Station war Teil von Kriegsgefangenenlagern, die sich von Purgstall bis Wieselburg erstreckten. „Vier Kilometer entlang der Erlauf war das Lager, furchtbar!", erzählt der

alte Herr. „Und es gab welche, die haben das ausgenützt. Da gab es einen Fleischer, der hat, wenn er Fleisch ins Lager geliefert hat, nur die Hälfte ausgeladen und die zweite Hälfte, obwohl sie ja bezahlt war, noch einmal woanders verkauft."

Mehr als 80 000 Kriegsgefangene befanden sich von 1915 bis 1918 in den Lagern Purgstall und Wieselburg. Der Purgstaller Historiker Franz Wiesenhofer hat die Details und Umstände dieser Lager erforscht und schildert in seinen Publikationen, wie man versucht hat, der enormen Zahl von Kriegsgefangenen Herr zu werden. In Wieselburg wurde auf einer Fläche von 102 Hektar zu beiden Seiten der Großen Erlauf ein Lager für 57 000 Mann errichtet, in Purgstall auf 50 Hektar ein Lager für 24 500 Mann. Dazu kam die Station für 300 kriegsgefangene Offiziere in Mühling. In Purgstall wurde 1998 zur Erinnerung ein „Weg des Friedens" eingerichtet, der bis zum Friedhof des Lagers führt. Dort gehen wir nun hin, auf einem Schotterweg neben der Hauptstraße, vorbei an blühenden Kräutern und reifenden Brombeeren links und einer Aushubdeponie rechts. Der Lagerfriedhof ist ein ruhiger, gepflegter Ort, mit Steinkreuzen und einem Denkmal in der Mitte. 930 Personen sind hier bestattet, Gefangene und Lagerpersonal. Es werden aber wohl viel mehr gewesen sein, die den Aufenthalt in diesem Lager, das zu den größten in der Monarchie zählte, nicht überlebt haben. Hier liegt aber auch ein Mann, der erst 1965 begraben wurde. Der russische Kriegsgefangene Ilio Zanzinka war nach Auflösung des Lagers

in Purgstall geblieben, hatte auf verschiedenen Bauernhöfen gearbeitet und war sehr beliebt geworden. Im 73. Lebensjahr stürzte er mit dem Fahrrad in die Erlaufschlucht und wurde erst eine Woche später gefunden. Er wurde dann seinem schon bei Lebzeiten geäußerten Wunsch entsprechend auf dem Lagerfriedhof im Grab seines Bruders bestattet.

* * *

Wenn im Herbst der Nebel zieht, die Kälte gekrochen kommt, die Schatten der Felsen beim Ötscher lang und die Tage kurz werden, dann bietet sich das sanfte Hügelland östlich von Scheibbs für Ausflüge an. Wieder einmal haben wir im „Gästehaus Schabel-Zehetner" in Scheibbs Quartier bezogen. „Du liebst doch Burgen, seit du ein kleiner Bub warst. Burgen, die wie Ausschneidebögen aussehen. Dann müssen wir nach Plankenstein fahren." „Gerne. Und ein Stückchen weiter gibt's was Interessantes für Zeitgeschichtler wie mich." „Und Schafbauern mit Schafkäseproduktion für mich!"

Von Scheibbs führt uns die Straße über St. Georgen an der Leys nach **Plankenstein**. Die Burg oben am Hügel birgt ein Ausflugslokal, einen hübschen Innenhof und eine kleine Kapelle. Diese wurde ursprünglich als Pfarrkirche genutzt, jetzt allerdings nur noch für Hochzeiten. Daneben, etwas höher gelegen, steht die Wallfahrtskirche Maria Schnee. Die ist zwar erst Anfang der 1950er-Jahre erbaut

116

worden, hat allerdings einen schönen Altar mit Teilen des alten Hochaltares der Burgkapelle und in der Mitte das Gnadenbild. Jetzt schauen wir auf die Hügel des Texingtales hinunter, die von den Sonnenstrahlen beleuchtet werden. Schafe weiden da und dort.
„Zu welchem Schafbauern fahren wir?"
„Jetzt gibt's erst noch Zeitgeschichte!"

Wir fahren in den Ort **Texing**. An einer Informationsinsel findet sich ein Prospekt über das Texingtal. „Märchenwelt der Voralpen" ist den Touristikern zu der Gegend eingefallen. Recht haben sie, die Gegend ist wirklich bezaubernd. Aber: „Jetzt verstehe ich, was du ansehen willst! Da steht es: *Texing, Groß Maierhof 1, das Geburtshaus von Engelbert Dollfuß, seit 1998 ein Museum.*" „Richtig geraten!" Das Geburtshaus ist ein unscheinbares kleines grünes Haus am Ortsrand, darauf eine Gedenktafel: „*Geburtshaus unseres großen Bundeskanzlers und Erneuerers Österreichs Dr. Engelbert Dollfuß.*" Das ist wohl die unkritische Betrachtungsweise der Person. Fest steht: Der 1934 von Nationalsozialisten ermordete Bundeskanzler des autoritären „Ständestaates" ist der umstrittenste Kanzler in der österreichischen Geschichte. Es gibt noch immer unterschiedliche Blickwinkel: eine Symbolfigur des Austrofaschismus, die 1933 das Parlament ausgeschaltet hat, sei er gewesen, ein Arbeitermörder, der die sozialdemokratische Partei verboten und im Februar 1934 den Schutzbund-Aufstand blutig niedergeschlagen hat. Andere sehen ihn allerdings als erstes Opfer der Nationalsozialisten, das an die österreichische Nation glaubte. Zu dieser

Gruppe dürften die Gestalter der Gedenktafel gehören. Unsere Neugierde ist mit dem kurzen Blick auf das Haus jedenfalls gestillt.

Ein paar Kilometer weiter in **Kirnberg an der Mank** machen wir halt bei der Pfarrkirche St. Pankratius, die von massigen Gebäuden umgeben ist. Die waren, so lesen wir nach, im 15. Jahrhundert ein Stift und im 17. Jahrhundert der Dompropstei von St. Stephan in Wien zugehörig, weswegen auch über dem Eingangstor ein Wappen mit Bischofsmütze zu sehen ist. Der Hochaltar war einst ein Seitenaltar der Kartäuserkirche Gaming und enthält ein schönes Altarblatt mit einer „Anbetung der Hirten", das dem berühmten Barockmaler Martin Johann Schmidt, genannt Kremser Schmidt, zugeschrieben wird.

Altarbilder des Kremser Schmidt finden wir zu unserer Überraschung auch ein paar Kilometer weiter in der Pfarrkirche von **Kilb**. Das Hochaltarbild mit dem Martyrium der Apostel Simon und Judas Thaddäus ist mit *M. J. Schmidt 1796* bezeichnet. Eine Rarität befindet sich über dem Tabernakel: ein Rahmen für zwölf Wechselbilder mit Darstellungen zu zwölf Feiertagen des Kirchenjahres, alle Martin Johann Schmidt beziehungsweise seiner Werkstatt zuzuordnen. Auch die Kilber Kirche ist mit ihrem gotischen Gewölbe und dem barocken Steinhelm auf dem Turm etwas Bereicherndes, nicht nur für kunsthistorische Feinspitze, finden wir.
Apropos Feinspitze: Vis-à-vis der Kirche entdecken wir in einem Bioladen Most aus biologischer Landwirtschaft. Und dann ist Zeit für ei-

nen Abstecher zum Schafbauern. In Kirnberg an der Mank ist uns der „Schofkas" der Familie Gansberger mehrfach empfohlen worden. Aber wir kommen zu spät im Jahr. Hier gibt es den Schafkäse nur zwischen April und Anfang Oktober. „Fahren Sie zum Enner nach **Grub bei Oberndorf an der Melk** hinüber, dort gibt es noch welchen", empfiehlt uns Frau Gansberger. Wir folgen ihrem Rat und finden in der Hofkäserei Enner außer dem Schafkäse noch vieles, das uns gut schmeckt. „Wir sind ein organisch-biologischer Schaf- und Rinderzuchtbetrieb. Sie können auch gern hinüber in den Schafstall schauen", sagt Juniorchefin Isabella Enner. Die 200 Schafe fühlen sich offenbar wohl, wir finden dort auch ganz bezaubernde Babyschafe wohlbehütet von ihren Müttern.

Nach dem Käsekauf geht sich noch eine Runde mit schönen gotischen Kirchen aus. Die von **St. Leonhard am Forst** unterscheidet sich von anderen durch einen massigen Westbau als Eingangsfront und eine angebaute Marienkapelle. Diese Kirche gehörte nach einer Schenkung Herzog Friedrichs des Schönen bis ins 18. Jahrhundert zur Kartause Mauerbach bei Wien. Die nur zwei Kilometer entfernte, aber am anderen Ufer des Flüsschens Melk liegende Kirche St. Nikolaus von **Ruprechtshofen** mit ihrem lang heruntergezogenen Dach, ursprünglich Eigenkirche der Grafen von Peilstein, gehörte dagegen in derselben Zeit zur Kartause Gaming.

Auch Kulturausflüge wie dieser machen hungrig. Wir kehren nach Scheibbs zurück und stärken uns am Rathausplatz im Restaurant „Zum schwarzen Elefanten". Ein bisschen Geschichte gibt es auch hier: Es wurde schon 1541 als „Einkehrhaus zum Schwarzen Elephanten" erwähnt. Aber die Küche ist jedenfalls angenehm modern.

„Wenn ihr guten Most mit schönem Blick auf Scheibbs wollt, dann müsst ihr einmal zum Mostheurigen Fenzl hinauffahren", bekommen wir von Gästen am Nachbartisch empfohlen, mit denen wir ins Gespräch gekommen sind. Der Tipp war sehr gut, wie wir bei anderer Gelegenheit festgestellt haben.

Rezepte

Zutaten (für 4 Personen):
½ kg Erdäpfel
1 l Rindsuppe
ca. 2 Esslöffel Mehl
2 Becher (à 250 g) Sauerrahm
Salz und Kümmel
ca. 2 Handvoll Weiß- oder
Schwarzbrot, gewürfelt

Stosuppe
Rezept von Petra Schabel-Zehetner/Gästehaus Schabel-Zehetner, Scheibbs

(Das Wort „sto" kommt aus dem Slawischen und bedeutet „gerinnen", ein Hinweis auf die Verwendung geronnener Milch, also hier Sauerrahm.)

Die Erdäpfel in kleine Würfel schneiden und in der Suppe weich kochen. Nach Belieben Kümmel hinzufügen. Den Rahm mit dem Mehl vermengen und in die Suppe einrühren. Das Ganze aufkochen lassen und mit Salz abschmecken. Früher wurde altes, trockenes Brot als Suppeneinlage verwendet. Man kann aber auch Weißbrotcroûtons dazu servieren.

Zutaten (für 4 Personen):
5 Eier
200 g Staubzucker
etwas Vanillezucker
150 g Semmelbrösel
80 g Weizenmehl (oder auch
Dinkelmehl)
eine Prise Backpulver
ca. 1 TL Öl
3 EL Wasser
ca. ¾ l Most (Speckbirnmost)
¼ l Wasser
Zimtrinde, Nelken, Zucker
nach Geschmack

Mostpudding
Rezept von Petra Schabel-Zehetner/Gästehaus Schabel-Zehetner, Scheibbs

Most mit Wasser, Zucker und den Gewürzen kurz aufkochen lassen, auskühlen lassen. Das Eiklar zu Schnee schlagen, nach und nach den halben Zucker einrühren. Das Ganze beiseitestellen. Die Dotter mit der zweiten Hälfte Zucker schaumig rühren. Danach das Öl und die 3 EL Wasser dazugeben. Dann die Semmelbrösel mit dem Mehl langsam einrühren. Zuletzt den Eischnee unterheben. Eine Gugelhupfform mit Butter einfetten, mit Bröseln „stauben" und den Bröselkuchen bei 160 °C etwa 45 Minuten backen. Den Mostpudding als Ganzes oder einzelne Stücke in Schüsseln mit dem Most-Gewürz-Gemisch übergießen und servieren.

Kalbsschulter mit Mostsoße und Erdäpfel-Käse-Knödel
Rezept von Erich Mayrhofer & Team (Küchenchefin Renate Schaufler und Souschef Markus Hofschweiger)/Landgasthof Bärenwirt, Petzenkirchen

Das Fleisch in Öl scharf anbraten, Wurzelwerk in Scheiben schneiden und mit rösten. Tomatenmark dazugeben, mit Most und Rotwein ablöschen und einreduzieren lassen, mit dem Kalbsfond aufgießen, ca. 2,5 Stunden schmoren. Das Fleisch herausnehmen, die Soße pürieren und durch ein Sieb passieren, eventuell noch etwas binden.

Erdäpfel kochen und passieren, dann mit Käse, Butter, Eidottern, Maizena, Salz und Pfeffer zu einem glatten Teig verarbeiten, Knödel formen und mit Bröseln panieren, in Fett/Öl goldgelb backen.

Zutaten (für 4 Personen):
Kalbsschulter ca. 1 kg
1 Karotte
1 kl. Sellerieknolle
1 Gelbe Rübe
1 Zwiebel
1 EL Tomatenmark
¼ l Most
¼ l Rotwein
½ l Kalbsfond (oder Rindsuppe)
Salz, Pfeffer
Lorbeer
Öl zum Anbraten

Erdäpfel-Käse-Knödel:
300 g mehlige Erdäpfel
150 g Mostviertler Bergkäse
3 Eidotter
1 EL Maizena
Salz
Pfeffer
Muskat
1 EL zerlassene Butter
Mehl, Ei und Weißbrotbrösel zum Panieren, Öl zum Herausbacken.

Mostschaumsuppe
Rezept von Erich Mayrhofer & Team/Gasthof Bärenwirt, Petzenkirchen

Erdäpfel, Karotten, Sellerie, Lauch und Zwiebel putzen und mit Speck in Würfel schneiden. Speck und Gemüse kurz anrösten, Nelken dazugeben, mit Most und Rindsuppe aufgießen und etwa 1 Stunde auf kleiner Flamme köcheln lassen. Nelken herausnehmen. Alles zusammen im Mixer pürieren und durch ein Sieb streichen. Obers dazugeben, nochmals kurz aufkochen lassen und mit Salz und Pfeffer abschmecken. Die Butter mit einem Mixstab einrühren. Schwarzbrot in Würfel schneiden und in Butter kurz rösten. Die Suppe mit den Brotwürfeln und etwas Kerbel garnieren.

Zutaten (für 6 Portionen):
80 g Erdäpfel
80 g Karotten
80 g Sellerie
40 g Speck
etwas Lauch
etwas Zwiebel
3 Gewürznelken
½ l Most
½ l Rindsuppe
⅛ l Obers
Salz
Pfeffer
30 g Butter
Schwarzbrot
Kerbel

INFORMATIONEN

Kultur- und Gästeservice der Stadtgemeinde Scheibbs
Rathausplatz 1
3270 Scheibbs
Tel.: +43-7482-42511/63
E-Mail: kulturservice@scheibbs.gv.at
www.scheibbs.gv.at/
www.eisenstraße.info

Schützenscheibenmuseum Scheibbs
Rathausplatz 10
3270 Scheibbs
Tel., E-Mail, Homepage siehe oben,
Stadtgemeinde Scheibbs

Keramikmuseum Scheibbs
Sammlung Hottenroth
Erlafstraße 32
3270 Scheibbs
Tel.: +43-7482-42267 und +43-676-5584091
E-Mail: hahaho40@hotmail.com
www.keramikmuseumscheibbs.at

Stadtgemeinde Wieselburg
Informationen zu den Sehenswürdigkeiten und
zum Museum für Ur- und Frühgeschichte:
Rathaus/Bürgerservice
Hauptplatz 26
3250 Wieselburg
Tel.: +43-7416-52319
E-Mail: office@wieselburg.at
www.wieselburg.at

Mostviertel Tourismus
Adalbert-Stifter-Straße 4
3250 Wieselburg
Tel.: +43-7416-52191
E-Mail: info@mostviertel.at
www.mostviertel.at

Messe Wieselburg
Volksfestplatz 3
3250 Wieselburg
Tel.: +43-7416-502/0
E-Mail: info@messewieselburg.at
www.messewieselburg.at

Proviant-Eisen-Museum Gresten
Unterer Markt 33
3264 Gresten
Informationen
Marktgemeinde Gresten
Badgasse 1
3264 Gresten
Tel.: +43-7487-2310
E-Mail: information@gresten-markt.at
www.gresten.gv.at

Informationen über den Meridian-Radweg
Gemeindeamt Gresten-Land
Friedhofgasse 4
3264 Gresten
Tel.: +43-7487-2240
E-Mail: gresten-land@aon.at
www.gresten-land.at

Burgarena Reinsberg
Reinsberg 1
3264 Reinsberg
Tel.: +43-7487-21388
E-Mail: office@reinsberg.at
www.burgarena.reinsberg.at

Information „Weg des Friedens":
Gasthof Schager (Schauboden)
3251 Purgstall
Tel.: +43-7489-2245 oder 2914
oder: +43-664-584 2958
www.purgstall-erlauf.gv.at

Burg Plankenstein
Plankenstein 1
3242 Texing
Tel.: +43-699-14500011
E-Mail: office@burgplankenstein.at
www.burgplankenstein.at

WOHNEN

Gästezimmer Schabel-Zehetner
Petra und Martin Schabel-Zehetner
Erlafstraße 25
3270 Scheibbs
Tel.: +43-676-751 2327
E-Mail: pmzehetner@gmx.at
www.privatzimmer-zehetner.at

ESSEN UND TRINKEN

Konditorei Reschinsky
Hauptstraße 29
3270 Scheibbs
Tel.: +43-7482-42419
E-Mail: reschinsky@reschinsky.com
www.reschinsky.com

Restaurant „Zum schwarzen Elefanten"
Heinz Eisbacher
Schulstraße 13/3
3270 Scheibbs
Tel.: +43-7482-43130
office@zumschwarzenelefanten.at
www.zumschwarzenelefanten.at

Bio Mostheuriger Fenzl
Scheibbsbach 6
3270 Scheibbs
Tel.: +43-7482-42466
E-Mail: juergen.fenzl@aon.at
www.mostheurige-mostheuriger.at/
fenzl/kontakt.htm

Landgasthof Bärenwirt
Erich Mayrhofer
Ybbser Straße 3
3252 Petzenkirchen
Tel.: +43-7416-52153
E-Mail: baerenwirt@aon.at
www.baerenwirt.at

Gasthof Teufl
Martin Teufl
Kirchenstraße 9
3251 Purgstall
Tel.: +43-7489 2322 und
+43-664-384 4525
E-Mail: office@gasthof-teufl.at
www.gasthof-teufl.at

Gasthaus Stadler
Hilde, Manfred und Markus Stadler
3264 Reinsberg 21
Tel.: +43-7487-2373
E-Mail: ghstadlerreinsberg@aon.at
www.gasthausstadler.at

EINKAUFEN

Scheibbser Keramik
Lebenshilfe Niederösterreich
Rutesheimer Straße 2
3270 Scheibbs
Tel.: +43-7482-42334
E-Mail: scheibbser-keramik@noe.lebenshilfe.at

Buchhandlung Ebner
Hauptstraße 28
3270 Scheibbs
Tel.: +43-7482-42308
E-Mail: info@ebnerbuch.com
http://ebnerbuch.com/

Fleischerei Moser Wurst
Manker Straße 4
3250 Wieselburg
Tel.: +43-7416-52318-180
E-Mail: office@culto.at
www.culto.at
www.moserwurst.at

Brauerei Wieselburg
Dr.-Beurle-Straße 1
3250 Wieselburg
Tel.: +43-7416-501/0
E-Mail: brauerei@wieselburger.at
www.wieselburger.at

Mostelleria – Edeldestillerie
Mag. Josef Farthofer
3362 Öhling Nr. 35
Tel.: +43-7475-53674
E-Mail: office@mostelleria.at
www.mostelleria.at

Bioladen Hansinger (mit eigenem Bio-Most)
Friedrich-Wilhelm-Raiffeisen-Platz 1
3233 Kilb
Tel.: +43-2748-7466
E-Mail: office@hansinger.at
www.hansinger.at

Schafkäse Gansberger
Brigitte und Franz Gansberger
Strohhof 1
3241 Kirnberg
Tel.: +43-2755-8202
E-Mail: info@gansis-schofkas.at
www.gansis-schofkas.at

Schaf- und Kuhmilchprodukte Enner
Thomas und Isabella Enner
Grub 6
3281 Oberndorf an der Melk
Tel.: +43-7483-410
E-Mail: info@enner.at
www.enner.at

Raiffeisen-Lagerhaus Mostviertel Mitte
Ellershofstraße 1
3251 Purgstall
Tel.: +43-7489-2702/16
markt_purgstall@mostvmitte.rlh.at
www.lagerhaus-mostviertelmitte.at

Andreas Töpper –
„Schwarzer Graf" mit Sozialgefühl

Im Scheibbser Schützenscheibenmuseum hängt eine Scheibe mit dem Porträt eines ernst blickenden Herren: „Andreas Töpper – Seines Glückes Schmied – Ein Gönner der Schützengilde Scheibbs – Zum 200. Geburtstag" steht darauf zu lesen. Der Geburtstag war der 10. November 1786. Eine andere Schützenscheibe ist knapp 120 Jahre älter, zeigt das Scheibbser Schloss und trägt die Inschrift: „Herr Andreas und Frau Amalie Töpper geben zum Antritt der Gutsherrschaft Scheibbs ein Freischießen der Schützengesellschaft zum Andenken am 28. September 1868." Das war vier Jahre vor Andreas Töppers Tod. Zwischen dem Geburtsjahr 1786 und dem Todesjahr 1872 spannte sich das Leben eines außergewöhnlichen Mannes, der die Gegend wie kaum ein Zweiter geprägt, aber auch in die ganze Donaumonarchie hinaus gewirkt hat. Wir begeben uns auf seine Spuren ...

Wir fahren von Scheibbs die Erlauf flussaufwärts bis zur Einmündung des Jeßnitzbaches. **Neubruck** heißt der Ort, benannt nach der 1830 von Andreas Töpper dort errichteten und 2014 neu gebauten Brücke. Das ganze Areal daneben ist für die Niederösterreichische Landesausstellung 2015 „ÖTSCHER:REICH" revitalisiert worden: ein Stück Industriegeschichte. 1817 war der im steirischen Schwanberg geborene Andreas Töpper hierhergezogen und hatte 1820 die „Erste k.k. Eisen-, Stahl- und Walzblechfabrik" errichtet. Neben den Fabriksgebäuden und Arbeiterwohnhäusern entstanden eine schlossartige Villa samt Park und Brunnen und – weil es Töpper nicht gelang, dass Neubruck eine eigene Pfarre wurde – eine Kapelle.

1834 wurde sie im Beisein Erzherzog Johanns eingeweiht. Es war der Erzherzog selbst gewesen, der Töpper den Erwerb von Neubruck empfohlen hatte, wohl im Zusammenhang mit seinem Engagement für die Modernisierung der Erzgewinnung am Erzberg und die Erzverarbeitung.

Zielstrebig hat Töpper den Weg vom einfachen Schmied zum Erfinder und Industriellen geschafft. Das Werk in Neubruck galt bald als das modernste in der Donaumonarchie, überallhin wurden Bleche verschiedenster Art geliefert. Bis zu 800 Menschen fanden dort Arbeit. Für viele der Erfindungen und Produkte bekam Töpper Privilegien, die Vorläufer der Patente. Trotz seiner traditionellen und patriarchalischen Wertvorstellungen war er ein aufgeschlossener und sozialer Unternehmer, lesen wir in den Chroniken. „Schwarze Grafen" wurden die Hammerherren genannt. Töpper war offenbar ein „Schwarzer Graf" mit Sozialgefühl. Darüber wollen wir mehr erfahren. Gelegenheit dazu ist im nahen **St. Anton an der Jeßnitz**.

Die Straße dorthin führt unter dem mit 271 Metern längsten Aquädukt der II. Wiener Hochquellenwasserleitung durch – der Luegerbrücke – den Jeßnitzbach entlang. In St. Anton hatte der Jeßnitz-Hammer (ein Hammerwerk) Sensen und auch Waffenteile produziert. Davon zeugt das Geländer einer kleinen Brücke, das aus ungebohrten Gewehrläufen gebaut ist. Diesen Hammer erwarb Andreas Töpper und richtete in dem Gebäude eine „Bruderlade" ein. Nach dem Vorbild mittelalterlicher Handwerksladen wurde hier für die Unterstützung von in Not geratenen Arbeitern und ihren Familien beziehungsweise

Witwen gesorgt: durch Beiträge von Töpper, aber auch von Meistern und Gesellen. Wir gehen in das kleine „Museum Bruderlade", das von diesem sozialen Engagement Töppers berichtet. Dort ist noch mehr beschrieben: Er ließ in seinen Fabriken Spitalszimmer einrichten und bestritt Arzt- und Medikamentenkosten für seine Arbeiter. Wer 15 Jahre lang bei Töpper beschäftigt war, der bekam auch eine Art Pension. Ledige Arbeiter konnten die Mittagsmahlzeit gemeinsam mit Töpper und seiner ersten Frau Helene einnehmen. Sie war zwölf Jahre älter als er und kümmerte sich um die „Werksfamilie" ebenso wie um adelige Gäste. Sein Elternhaus im steirischen Schwanberg ließ Töpper in ein Heim für Arme und Kranke umbauen. Insgesamt ein erstaunliches Sozialsystem. „Töppers Mentalität war die des Hammerherrn, die gewinnorientierte Denkweise der späteren Industriellen war ihm noch fremd. Seine Zielsetzung war das Wohl des Unternehmens und seiner Arbeiterschaft, nicht kontinuierliche Expansion und steigende Kapitalanhäufung", macht ein Text in dem Museum aufmerksam.

Zu Töppers Zeit begannen die Fabriken und Arbeiterbehausungen den Lebensbereich der Menschen hier zu prägen, nicht mehr nur wie früher Sakralbauten, Burgen und Schlösser. Was St. Anton an der Jeßnitz aber durchaus auch prägt, sind die Pfarrkirche St. Anton und der Kalvarienberg samt dem Antoniusbründl. Dessen Wasser galt den Wallfahrern früherer Zeiten als heilkräftig, vor allem für die Augen.

„Du musst auch ein paar Tropfen davon auf deine Augen tun!"

„Ich bin aber nicht abergläubisch!"

„Aber die Sage rund um den heiligen Antonius hier ist so hübsch, du kannst ja einfach kurz so tun, als ob du ein gläubiger Pilger wärst!"

Der Sage nach soll der Ort vom heiligen Antonius von Padua selbst als Platz für „seine" Kirche bezeichnet worden sein, denn er sei als Mönch dem Hofrichter der Kartause Gaming begegnet, der von seinem Prior ausgesandt worden war, um im Jeßnitztal eine Kirche zu bauen.

Wir fahren zurück nach Neubruck und biegen dort in Richtung Gaming ab. In **Kienberg bei Gaming** hatte Andreas Töpper aus dem „Weghammerwerk" 1832 eine Fabrik gemacht, die Gasrohre und Vormaterial für das Werk in Neubruck herstellte. Heute erzeugt dort die börsennotierte Firma *Worthington Cylinders* Druckbehälter.

In **Kasten bei Lunz** wollen wir nun die Töpper-Brücke sehen, von der wir schon eine Menge erzählt bekommen haben. Zum Beispiel, dass die ursprünglich 1854 gebaute Brücke bei einem Hochwasser der Ybbs 1861 zerstört wurde. Doch im selben Jahr hat Töpper etwas flussaufwärts eine neue errichten lassen, die eisernen Figuren wurden neu gegossen. Da ist sie ja schon! Die vergoldeten Teile der Figuren leuchten in der Sonne. Eine Madonna, eine Kreuzigung, die Heiligen Andreas und Helena – die Namenspatrone von Töpper und seiner Frau – sowie die Heiligen Nepomuk und Florian. Die Statuen der ursprünglichen Brücke hatte das Wasser mit sich gerissen, aber ein Fuß der ursprünglichen Florian-Figur wurde gefunden, er liegt nun im Museum des Lunzer Amonhauses. (Ganz oben auf dem Gipfel des Dürrenstein steht übrigens auch ein gusseisernes Kreuz. Andreas Töpper hat es dort aufstellen lassen zum Dank, dass die Gegend von der Cholera 1841 verschont geblieben war.)

Hier in Kasten hatte Töpper 1832 einen Lebensmittelspeicher des 18. Jahrhunderts, das „Kastengebäude", erworben, es in ein Wohnhaus umbauen und daneben auch ein Walzwerk errichten lassen. Am gegenüberliegenden Ufer der Ybbs ließ er 1856 noch ein „Puddlingwerk" zur Erzeugung von

Stahl aus Roheisen bauen. Das ging allerdings nie in Betrieb.

Töppers Frau Helene starb 1858. Ein Jahr später heiratete er im Alter von 73 Jahren noch einmal, und zwar die 20-jährige Waise Amalia Höfling aus Wien. Als wir nach unserem Töpper-Ausflug nun wieder in Scheibbs herumspazieren, werfen wir noch einen Blick auf das Schloss. Das hatte Töpper 1867 gekauft, gemeinsam mit der zugehörigen „Herrschaft". Von diesem „Antritt der Gutsherrschaft" zeugt ja die Schützenscheibe, die wir im Scheibbser Museum gesehen hatten. Bis zu seinem Tod 1872 im Alter von 86 Jahren war Andreas Töpper überaus aktiv.

Die Wirtschaftskrise der folgenden Jahre machte auch vor seinem Unternehmen nicht halt. Nach seinem Tod wurden die Werke der Reihe nach verkauft. Aus dem Eisenwalzwerk in Neubruck, dem Herzen des Töpper-Unternehmens, wurde eine Papierfabrik. Sie wurde im Zweiten Weltkrieg teilweise zerstört, danach neu gegründet und ging dann wieder in Konkurs. Die Gebäude waren lange Zeit völlig vernachlässigt. Nun ist – durch die Landesausstellung und die Nachnutzung der restaurierten Gebäude als Wirtschaftspark – wieder Leben in das geschichtsträchtige Töpper-Areal eingezogen. Ein Neustart, wie er die Unternehmerpersönlichkeit Töpper freuen würde.

INFORMATIONEN

Töpper-Schloss Neubruck
Neubruck 2
3283 Scheibbs

**Informationen zur Niederösterreichischen
Landesausstellung 2015
„ÖTSCHER:REICH"**
Adalbert-Stifter-Straße 4
3250 Wieselburg
Tel.: +43-7416-52191
E-Mail: info@noe-landesausstellung.at
www.noe-landesausstellung.at

Neubruck Immobilien GmbH
Tel.: +43-664-266 0014
E-Mail: office@neubruck.at
www.neubruck.at

Museum „Bruderlade"
3283 St. Anton an der Jeßnitz 12
Tel.: +43-7482-48240
E-Mail: st.anton.jessnitz@speed.at
www.st-anton-jessnitz.gv.at

Eisenstraße Niederösterreich
Brunnengasse 2
3341 Ybbsitz
Tel.: +43-7443-86600
E-Mail: service@eisenstraße.info
www.eisenstraße.info

Gaming –
hoher Adel & weiße Mönche

Es ist erstaunlich, in welcher Dichte wir in der Geschichte des Ötscherlandes auf bedeutende Persönlichkeiten treffen, nicht nur in den Reihen der Hammerherren. **Gaming** zum Beispiel ist diesbezüglich wirklich ein „Hotspot". Wer vermutet schon, in der Gegend von Gaming auf Aktivitäten eines der bedeutendsten Vertreter des österreichischen Zweiges der berühmten Bankiersfamilie Rothschild zu treffen? Albert Freiherr von Rothschild galt in der Zeit nach 1900 als reichster Europäer. Und dieser Mann kaufte 1875 Tausende Hektar Grund des Gebietes rund um den Ötscher und an der Oberen Ybbs (siehe auch Kapitel „Von Ötscher & Dürrenstein bis Everest & Antarktis"). Dazu gehörten sowohl die Gegend um den Dürrenstein mit dem „Urwald" als auch die Besitzungen bei Langau. All dieser Grundbesitz stammte aus jenen Gütern, die einst dem Kartäuserkloster Gaming gehört hatten und nach der Aufhebung des Klosters 1782 erst in eine Staatsgüteradministration über-

tragen und dann verkauft worden waren. Auf unserem Weg nach Lackenhof am Ötscher hatten wir jene Häuser gesehen, die Rothschild in seinen Besitzungen in **Langau-Maierhöfen** errichten ließ. Alle im Schweizer Chalet-Baustil, denn er war nicht nur ein begeisterter Jäger, sondern liebte auch die Schweizer Berge und die dort traditionellen Holzhäuser. Ein Jagdhaus steht in Langau-Maierhöfen gleich an der Abzweigung der Straße in Richtung Lackenhof, außerdem verschiedene andere Bauten der Rothschild'schen Forstarbeitersiedlung. Das Tal entlang weiter bis Neuhaus und hinauf zum Zellerrain finden sich weitere solcher Jagd- und Forsthäuser. Heute werden sie als Ferienhäuser genutzt, so wie jene in der Steinbachklamm auf der südlichen Seite des Dürrenstein, über die wir schon erzählt haben (siehe Seite 41).

Albert Rothschild hatte viel gemeinsam mit dem Hammerherrn Töpper: Er war wohltätig und sorgte

für seine Arbeiter, nicht nur mit den Wohnhäusern in Langau. Für die Waldarbeiter gab es auch eine Bruderlade, Lebensmitteldepots verkauften ihnen Waren zum Selbstkostenpreis. In Göstling gab es ein Heim für Kinder der Forstarbeiter, im Ort Gaming ein Rothschild'sches Pensionistenheim. Die Chroniken sind voller Hinweise auf Sach- und Geldspenden Albert Rothschilds, aber auch seiner Nachfahren. Mäzene waren sie auch im Kunstbereich. 1938 musste die Familie fliehen, Besitzungen und Kunstsammlungen wurden von den Nationalsozialisten beschlagnahmt. Nach Ende des Zweiten Weltkrieges hat die Familie lange und mit wechselndem Erfolg um die Restituierung von Besitzungen und Kunstgütern gerungen.

* * *

Als wir die Pfarrkirche von **Gaming** besichtigen, lesen wir in einer Broschüre, dass die Rothschilds durch großzügige Spenden auch die Pfarre gefördert haben. Diese Pfarre gab es ja schon, ehe die Kartause gegründet wurde. Die heutige Kirche mit dem prächtigen gotischen Netzrippengewölbe wurde 1510 erbaut und im 18. Jahrhundert barockisiert. Als das wichtigste Stück aus dem Barock entpuppt sich allerdings die Orgel. Sie stammt aus dem Ybbser Franziskanerkloster und heißt „Mozartorgel", denn der sechsjährige Wolfgang Amadeus hat 1762 im Zuge seiner ersten Konzertreise nach Wien in Ybbs haltgemacht und auf ihr gespielt. 1783/84 wurde das Ybbser Kloster aufgehoben und die Orgel der Pfarre Gaming geschenkt.

Jetzt wollen wir aber unsere Aufmerksamkeit der **Kartause Gaming** widmen. Die Kirche mit dem markanten gotischen Dachreiter leuchtet in der Sonne. Entsprechend der Bauregeln des Ordens durften die Kartäuserkirchen keine Türme haben, wohl aber ein Türmchen auf dem Dachfirst, eine „turricula super ecclesiam".

Es geht gegen elf Uhr an diesem Vormittag und wir möchten an einer Führung teilnehmen. Am Eingang treffen wir Petra Pöchhacker, sie wird uns kundig durch die Kartause begleiten. So lernen wir die nächste große Persönlichkeit näher kennen, ohne die man die Geschichte der Gegend nicht erzählen kann: Herzog Albrecht II. von Österreich, einer der sieben Söhne Albrechts I., im späten Mittelalter einer der mächtigsten Fürsten Mitteleuropas, einer der bedeutendsten frühen Habsburgerherrscher und Mitbegründer des heutigen Österreich.

Albrecht II. gründete die Kartause Gaming im Jahr 1330, der Legende nach wegen eines gemeinsam mit seinem Bruder Leopold geleisteten Gelübdes anlässlich der Befreiung seines Bruders Friedrich des Schönen aus bayerischer Gefangenschaft. Leopold war 1326 gestorben, Friedrich 1330. Albrecht II. übernahm mit seinem Bruder Otto dem Fröhlichen die Regierung über die habsburgisch-österreichischen Länder und löste das Versprechen ein. Er wählte Gaming als Ort der Gründung, weil es das geografische Zentrum seiner Länder war. Er legte 1332 den Grundstein für das Kloster „Marienthron" und holte Kartäusermönche aus der Kartause Mauerbach nach Gaming. Wegen ihrer weißen Kutte wurden sie „weiße Mönche" genannt. Die Kartause Mauerbach war übrigens 1314 von seinem Bruder Friedrich gegründet wor-

den. Albrecht stattete die Kartause mit riesigem Grundbesitz aus, von Scheibbs bis zum Zellerrain in Richtung Mariazell. „In Gaming wurden die Zellen für 25 Mönche und die Kirche nach zehn Jahren fertig", erzählt unsere Führerin und zeigt, wie die Anlage ursprünglich aussah: „Die Mönche dieses Einsiedlerordens lebten mit strengem Sprechverbot und jeder in seinem eigenen Häuschen. Jetzt sind diese Zellenhäuser alle in Privatbesitz."

Petra Pöchhacker führt uns in die Kirche. Ein schmaler, hoher Raum, von der gotischen Pracht ist aber kaum noch etwas geblieben. An den Wänden die Statuen Albrechts und seiner Gattin Johanna von Pfirt. Die Figuren kommen uns bekannt vor. „Haben wir die nicht im ‚Wien Museum' gesehen, neben anderen Statuen vom Stephansdom?" „Richtig", bestätigt unsere Führerin, „das hier sind Abgüsse." Albrecht II. hatte wie sein Vater Albrecht I. den Bau des gotischen Chors des Stephansdomes vorangetrieben. Das geschah etwa zur selben Zeit, zu der in Gaming die Kartause entstand. Der Sohn Albrechts II., Rudolf IV. ließ dann zur höheren Ehre des Hauses Habsburg einige Fürstenstatuen für den Dom anfertigen, unter anderem für den Südturm die Figuren seiner Eltern Albrecht und Johanna.

Albrecht II. hatte Gaming auch zu seiner Grablege bestimmt. In der Kirche vor dem Chorpolygon befindet sich die Gruft, in der Albrecht und seine Gattin beigesetzt wurden. Als die Kartause 1782 aufgehoben wurde, wurden die Gebeine in die Pfarrkirche Gaming überstellt und von dort kamen sie erst 1985 nach der Restaurierung der Klosterkirche hierher zurück. Dabei wurde ein Rätsel gelöst: Albrecht II. wurde auch „der Lahme" genannt, er litt an Armen und Beinen an Lähmungserscheinungen. Lange hieß es, das sei die Folge eines Giftanschlages gewesen. 1985 wurden die Gebeine untersucht, dabei kam heraus, dass er unter einer sehr schmerzhaften Form von Gelenksrheumatismus, an Gicht, gelitten haben muss.

Petra Pöchhacker weist uns nun auch darauf hin, dass die Kirche zwei Gewölbe hat. „Unterhalb des Kreuzrippengewölbes aus der Erbauungszeit der Kirche wurde etwa 120 Jahre später ein spätgotisches Kappengewölbe eingezogen. Eine Seltenheit, dass so etwas erhalten ist!" Diese Rarität möchten wir gerne sehen, was aber im Zuge der Führung nicht geplant ist. „Wir können nachher meine Chefin fragen", meint die Führerin. Im kleineren Kreuzgang, der heute Teil des Museums ist, sind viele interessante Dokumente und Objekte

zu sehen, die zeigen, wie die Mönche über die Jahrhunderte Kulturarbeit in der Gegend leisteten, den Boden nutzbar machten, Wirtschaftshöfe, Tavernen und Gästehäuser errichteten, für die Armen sorgten.

Nun geht es hinauf in die Bibliothek, einen barocken Raum mit üppigen Wand- und Deckenmalereien des Prager Malers Wenzel Josef Reiner, seine einzigen Wandgemälde außerhalb Böhmens. Die einst historisch wie theologisch bedeutende Bibliothek umfasste etwa 20000 Bücher, die mit der Aufhebung des Klosters aber verstreut und teilweise offenbar zerstört wurden. „Es heißt", so bekommen wir erzählt, „dass bei einem Transport nach Wien schreckliches Wetter herrschte und die Kutscher jedes Mal, wenn der Wagen im Schlamm steckenblieb, Lederbände unter die Räder schoben."

Jetzt spazieren wir noch durch einige ebenfalls restaurierte Räume und Säle des einstigen Klosters. Die Anlage hatte nach der Aufhebung des Klosters schwierige Zeiten durchzustehen, 200 Jahre lang verfielen die Gebäude, nach dem Zweiten Weltkrieg wurden sie noch von russischen Besatzungssoldaten devastiert. Es begann wieder bergauf zu gehen, als 1983 der Architekt Walter Hildebrand die Ruine kaufte und zehn Jahre lang instand setzte. Wer so wie wir durch die Höfe spaziert, hört viel Englisch, amerikanisches Englisch. Denn heute ist die ehemalige Kartause eine Außenstelle der Franziskaner-Universität Steubenville (Ohio). Und so kommen seit Jahren viele Studenten hauptsächlich aus den USA für zwei Semester ihrer religiösen Studien hierher. Überdies ist ein Hotel samt Restaurant entstanden und die Kartause inzwischen ein beliebtes Hochzeitsambiente.

Wir gehen jetzt fragen, ob wir uns die beiden gotischen Gewölbe der Kirche aus der Nähe ansehen können. Offenbar machen wir einen vertrauenswürdigen Eindruck, Geschäftsführerin Cornelia Daurer vertraut uns den Schlüssel für das Gittertor zur Stiege an, die links in der Kirche hinaufführt. „Aber Achtung", meint sie, „ganz oben ist es ziemlich dunkel!" Wir versprechen, achtsam zu sein. Eine schmale Wendeltreppe führt nach oben, und schon haben wir die Ebene erreicht, wo wir das spätere, untere Gewölbe von oben sehen – wie lehmfarbene Buckel – und darüber die prächtigen Kreuzrippen des ursprünglichen Baus. Noch weiter geht es hinauf, es gilt, durch einen schmalen Durchgang zu schlüpfen, und wir finden uns im beeindruckenden hölzernen Dachstuhl wieder, der sich über dem älteren Gewölbe erhebt. Auf einem hölzernen Steg gehen wir nach vorne bis zum Mauerwerk, das die Basis des Dachreiters bildet, der die Außenansicht der Kirche so typisch macht. Kirchendachstühle haben ja immer etwas Mystisches: die Dunkelheit, der Geruch des Holzes, das Knarren des Stegs, auf dem wir gehen. „Hölzerne Himmelszelte" sind diese Konstruktionen genannt worden. Mittelalterliche Zimmerleute haben hier ihr Bestes gegeben.

Wir steigen wieder hinunter in die Gegenwart. Dort wird jetzt im Restaurant „Kartausen-Keller" der Hunger gestillt. Das kann man dort erfreulicherweise auch außerhalb der üblichen Essenszeiten tun. Wir kosten das *Kartausen-Bräu*, das hier seit 2008 in einer Privatbrauerei hergestellt wird, unfiltriert und naturbelassen. „Ein Seidel vom hellen *Priorenbräu* für mich, und ein Seidel vom dunklen *Prälatenbräu* für dich!" Beide sind wir mehr als zufrieden. Eine 1-Liter-Flasche vom *Priorenbräu* mit dem netten Kapselverschluss nehmen wir für zu Hause noch mit.

* * *

Ein anderes Mal besuchen wir noch eine Gaminger Privatbrauerei: *Bruckners Erzbräu* liegt an der Straße von Gaming nach Lunz am **Grubberg,** direkt an der Abzweigung in Richtung Lackenhof. Besitzer Peter Bruckner war Braumeister in Gaming, ehe er sich hier selbstständig gemacht hat. „Möchten Sie eine Bierdegustation?", fragt seine Frau Karin. „Gerne!" Wir bekommen fünf

verschiedene Sorten Bier, jeweils einen Pfiff, und gleich ein Blatt mit den Beschreibungen dazu. Wir lernen, dass der IBU-Wert die Bitterkeit eines Bieres beschreibt und der EBC-Wert die Farbe. Unsere Geschmacksnerven haben rasch einen Favoriten herausgefunden: den „Schwarzen Graf", gebraut aus drei Sorten Malz und zwei Sorten Hopfen. Was wir im Shop auch noch entdecken: „Hammerherrenhonig"! Imker der Eisenstraßenregion haben sich zu einer Arbeitsgemeinschaft zusammengeschlossen mit dem Ziel, bestmöglichen Honig zu erzeugen. Unsere morgendlichen Honigbrote bekommen ab nun eine neue Qualität! Das „Gasthaus Grubbergwirt" neben dem *Erzbräu* hat Peter Bruckner verpachtet, an einen ehemaligen Brauereikollegen aus Gaming. Mit Hausmannskost wird man dort bei der Familie Riegler wohlversorgt.

* * *

In diesem Herbst haben wir uns wieder einmal für eine Ausflugsrunde im Gästehaus Schabel-Zehetner in Scheibbs einquartiert. Beim Frühstück plaudern wir mit der Chefin über unsere Pläne für den Tag, etwa dass wir bei **Gaming-Kienberg** ins Erlauftal hineinwollen bis zur bekannten Schindlhütte. „Achten Sie dabei auf die Steinmandln, die an einer Stelle am Ufer der Erlauf stehen!", gibt uns Petra Schabel-Zehetner mit auf den Weg. Die kleine Straße die Obere Erlauf entlang bekommt vom Vormittagslicht immer wieder Sonnenflecken aufgetupft. Aber die Herbstsonne steht tief, die Schindlhütte liegt völlig im Schatten. Wir trinken einen Kaffee und plaudern mit dem Chef Andreas Arthofer, der mit seiner Partnerin Heidi Hiesl die Hütte an diesem westlichen

Eingang zum Naturpark Ötscher-Tormäuer betreibt. Heute, an einem Wochentag im Herbst, sind außer uns keine Wanderer unterwegs. Und die Ötschertropfsteinhöhle ist auch nicht mehr offen. Wir gehen trotzdem hinauf, einfach um die Umgebung zu erkunden. „Wir dürfen nicht vergessen, die Steinmandln zu suchen, wenn wir wieder unten an der Erlauf sind", nehmen wir uns vor. Am Rückweg finden wir sie dann ohne Probleme. Auf einer Schotterbank in einer Biegung der Erlauf stehen sie, eine kleine steinerne Armee. Es soll ein Pensionist aus Scheibbs sein, der offenbar mit viel Gefühl für Statik Stein auf Stein gesetzt hat, mit größeren beginnend bis zu ganz kleinen oben. Dutzende Stelen, einer keltischen Kultstätte nicht unähnlich. Die Erlauf rauscht recht kräftig an die-

ser Stelle vorbei. Selbst bei Hochwasser seien etliche der Steinmandln stehen geblieben, bekamen wir erzählt. Andere werden dann jeweils neu gebaut. Auch von Besuchern, die am gegenüberliegenden Ufer ihr Geschick versuchen. So entstand ein Ort mit einer sehr speziellen Atmosphäre, der man sich nicht entziehen mag. Wir lassen uns gerne von solchen Impressionen überraschen – wie so oft im Ötscherland.

INFORMATIONEN

Tourismusbüro Gaming
Im Markt 1
3292 Gaming
Tel.: +43-7485-973 0812
E-Mail: tourismus@gaming.noe.at
www.gaming.at

ESSEN UND WOHNEN

Hotel-Restaurant Kartause Gaming
Kartause 1
3292 Gaming
Tel.: +43-7485-98466
E-Mail: office@kartause-gaming.at
www.kartause-gaming.at

Bruckners Bierwelt GmbH (Erzbräu)
Grubberg 4a
3292 Gaming
Tel.: +43-7485-98599
E-Mail: office@bruckners-bierwelt.at
shop@bruckners-bierwelt.at
www.erzbräu.at

Gasthaus Grubbergwirt
Familie Riegler
Grubberg 4
3292 Gaming
Tel.: +43-7485-67039
E-Mail: gerhard@grubbergwirt.at
www.grubbergwirt.at

Schindlhütte
Tormäuerstraße 64
3292 Gaming
Tel.: +43-7485-68430
E-Mail: schindlhuette@aon.at
www.schindlhuette.at

EINKAUFEN

Hammerherrenhonig
Informationen über die 16 Imker dieser Marke:
www.hammerherrenhonig.at

Lunz –
drei Seen und viel mehr

„Heute habe ich für unseren Garten einen kleinen Topf Dichternarzissen gekauft! Sie erinnern mich daran, wie ich als Kind mit meinen Eltern in Lunz bei den Narzissenwiesen spazieren gegangen bin!"

„Es ist zwar schon Anfang Juni, aber könnten wir nicht nach Lunz fahren und schauen, ob die Narzissen noch blühen? Vielleicht haben wir Glück, es war schließlich lange kalt."

„Versuchen wir's!"

„Warum heißen Dichternarzissen eigentlich Dichternarzissen?"

„Weil sie wegen ihrer Schönheit und ihres Duftes viele Dichter inspiriert haben. Auf den feuchten Bergwiesen wächst die Sternnarzisse, das ist eine Unterart der Dichternarzisse. Und das Wort Narzisse (*narcissus)* kommt vom griechischen *narkein* (‚Ich betäube'). Was sich im übertragenen Sinn wohl auf den Duft bezieht oder aber auch darauf, dass sie giftig sind."

„Ich weiß, ich weiß. Deshalb soll man sie auch nicht mit anderen Blumen in eine Vase stellen, der Schleim aus den Stängeln lässt die anderen rasch verwelken."

„Aber besonders giftig sind die Narzissenzwiebeln." – „Humanistisches Gymnasium und Naturgeschichtler als Eltern! Kompliment, was du dir alles gemerkt hast."

Wien, St. Pölten, Autobahnabfahrt Ybbs, Scheibbs, **Lunz am See** – nach gut eineinhalb Stunden Fahrt sind wir an einem Wochenende mit prächtigem Wetter dort. Rechts am Restaurant „Seeterrasse" und dem Bootsverleih vorbei spazieren wir auf einem Weg die Südseite des Lunzer Sees entlang. Und

wir haben wirklich Glück, einige Narzissen blühen noch, die auf den schattigeren Seiten. Zarte, weiße Ornamente im Grün der Wiese, auf der angesichts der fortgeschrittenen Jahreszeit auch schon Klee und manch anderes blüht. „Ein Relikt der Karstflora aus der letzten Zwischeneiszeit", steht in einem jener Führer zu lesen, die schon Franz' Eltern in den 1940er-Jahren mit nach Hause gebracht haben. Wir spazieren weiter auf dem Wanderweg Nummer 1, bleiben ein wenig auf einer Bank direkt am See sitzen und genießen die Idylle. Die Farbe des Wassers wechselt zwischen Dunkelgrün und Azurblau. Seit bald 150 Jahren zieht die Schönheit des Lunzer Sees Sommerfrischler an, Adelige und Künstler ebenso wie ganz einfache Naturliebhaber. „Schau, ich habe die Ansichtskarte eingesteckt, die mein Vater 1950 von einer Lehrerexkursion nach Hause geschickt hat: *Hier ist alles sehr schön. Wir sind sehr gut untergebracht. Professor Ruttner hält selbst Vorträge und Übungen.*' Und da ist noch ein

Foto von einer Fortbildungswoche meiner Mutter, da hat sie über einem Kopf ein Sternchen gemacht und hinten steht drauf: *1943, Professor Ruttner.*"

Dieser Franz Ruttner war fast 50 Jahre lang das Herz der Biologischen Station Lunz, einer Forschungseinrichtung mit dem Arbeitsschwerpunkt Limnologie, also der Ökologie der Binnengewässer. Carl Kupelwieser hatte 1905 die Forschungsstation gegründet. Er war der Sohn des Leopold Kupelwieser, des letzten bedeutenden Malers der österreichischen Spätromantik und Wegbereiters des Historismus. Carl Kupelwieser war auch der Onkel des Philosophen Ludwig Wittgenstein. Kupelwieser hatte dem Grafen Gàbor Festetics de Tolna das Gut Seehof abgekauft samt den heruntergekommenen Gebäuden, die einst die Meierei der Kartause Gaming gewesen waren. Kupelwieser baute diesen Komplex zu einem großzügigen Landsitz, dem Schloss Seehof, aus. Dort wurden anfangs im Keller einige Räume für die Forschungsstation adaptiert, bald danach ein eigenes Gebäude samt Glashäusern errichtet. Hier gingen in der Folge nicht nur viele renommierte Wissenschafter ein und aus, es wurden auch viele Fortbildungsveranstaltungen und Kurse organisiert – solche, wie sie auch die Eltern Hlavac besuchten. Ab 1972 war die Biologische Station dem Institut für Limnologie der Österreichischen Akademie der Wissenschaften angegliedert, wurde jedoch von dieser 2003 geschlossen. Das bedeutete jedoch nicht das Aus für die Forschungstätigkeiten in Lunz. 2005 wurde der *WasserCluster Lunz* als „Interuniversitäres Zentrum für die Erforschung Aquatischer Ökosysteme" gegründet, eine Zusammenarbeit der Universität Wien, der

Universität für Bodenkultur Wien und der Donau-Universität Krems. Die Biologische Station wurde in den *WasserCluster* integriert.

Hinten an der Ostseite mündet der Seebach in den Lunzer See. Wir beobachten einen jungen Mann, der Wasserproben nimmt und sich Notizen macht. Wir gehen noch an Wiesen und einer Saiblingzucht vorbei und dann stehen wir vor dem Gebäude der Biologischen Station. Sie wurde vor wenigen Jahren komplett saniert, mit ihren Büros, Labors und Seminarräumen eine hoch funktionelle Ergänzung zu dem Gebäude des *WasserClusters* am anderen Ende des Lunzer Sees. Nicht weit entfernt steht nach wie vor das Schloss Seehof. Carl Kupelwieser hatte – abgesehen von seinen wissenschaftlichen Interessen und der Biologischen Station – aus dem Anwesen ein „Mustergut" gemacht, mit Pferde- und Rinderzucht. Heute sind das Schloss und das Gut als Forstbetrieb nach wie vor im Besitz der Familie Kupelwieser. Wir spazieren herum und bewundern das prächtige Tor, den dreiflügeligen Schlossbau mit den Arkaden, dem Brunnen – insgesamt eine eindrucksvolle Anlage.

Als Seehof im 16. Jahrhundert noch Wirtschaftshof der Kartause Gaming war, war der Naturforscher Carolus Clusius (wir erinnern uns: der Erstbesteiger des Ötscher) auch hier zu Gast. Es heißt, er habe eine Narzissenzwiebel mitgenommen und sie in Wien, wo er als Hofbotaniker Kaiser Rudolfs II. tätig war, zum Blühen gebracht. Als wir nun am Nordufer des Sees die Straße entlang zurückspazieren, sehen wir keine Narzissen mehr, allerdings fällt uns im See etwas auf. In den flacheren Uferzonen wirkt das Wasser besonders

hell im Gegensatz zum Dunkelgrün der sonstigen Wasserfläche. Der kleine, alte „Führer für Lehrwanderungen und Schülerreisen" aus dem Jahr 1929 gibt uns die Antwort, warum das so ist: „Die reiche Ufervegetation entzieht dem Wasser Kohlensäure und damit die Fähigkeit, den vielen Kalk gelöst zu halten. Der ausgefällte Kalk lagert sich ab." So leuchtet der helle Grund durch das flache Wasser.

Jetzt ist es Zeit für das Restaurant „Seeterrasse". Ein genussreicher Ort in vielerlei Hinsicht! Zum einen ist der Blick über den Lunzer See prachtvoll, zum anderen sorgt der Wirt und Küchenchef Manfred Krawanja dafür. Den Steirer hat es 2004 nach Lunz verschlagen, zur kulinarischen Freude vieler Einheimischer und Gäste. Hausmannskost oder leichte Küche? Die Speisekarte macht uns die Wahl schwer. Wir entscheiden uns für das Filet vom Lunzer Seesaibling, schließlich haben wir ja am Ostufer gesehen, wo die Saiblinge

gezüchtet werden. Ja, mit solchen Genüssen versehen kann man es lange aushalten auf der Seeterrasse. Unser Blick fällt auf den Bootsverleih gleich nebenan. Die Elektroboote sind nichts für Abergläubische, denn ihre Namen sind meist die von Schiffen, mit denen einst gröberes Unheil verbunden war: „Titanic", „Andrea Doria", „Achille Lauro", „Lucona" – lauter Schiffe, die auf dramatische oder mysteriöse Weise untergingen. Nach dem Essen gehen wir von der „Seeterrasse" hinüber und fragen die Dame bei der Bootsvermietung, warum die Boote so heißen. „Es sind einfach schöne Namen", lacht sie. Untergegangen ist von den Elektrobooten jedenfalls noch keines.

* * *

Beim nächsten Lunz-Ausflug widmen wir uns den kulturellen Facetten. Es fällt uns zunächst die Kirche auf, denn zweischiffige Hallenkirchen aus dem 15. Jahrhundert sind nicht allzu oft anzutreffen. Die Kirche war für viele Pilger auf dem Weg nach Mariazell eine wichtige Station. Die wunderbare gotische Statue „Madonna im goldenen Sessel" aus der Mitte des 15. Jahrhunderts trägt noch Spuren von Säbelhieben durch die Türken, die 1683 zum zweiten Mal Lunz heimsuchten (schon 150 Jahre vorher waren türkische Reitertruppen bis nach Amstetten vorgedrungen). Diese Spuren auf der Wange der

Madonna und der Stirn des Kindes wurden absichtlich zur Erinnerung belassen. Anfang des 16. Jahrhunderts begann sich der Protestantismus auch in Österreich zu verbreiten, die Pfarre Lunz war ab 1580 fast 40 Jahre lang protestantisch. Im Zuge der Gegenreformation wurden Wallfahrtsorte wie Lunz wieder „reaktiviert".

In den ersten Jahren nach 1800 litt Lunz unter den Franzosenkriegen, immer wieder fielen französische Militärabteilungen ein. In einer alten Festschrift aus dem Jahr 1957 steht eine spannende Begebenheit zu lesen. Ein österreichisches Korps war im November 1805 durch Lunz marschiert, um nach Mariazell zu gelangen:

„Die Bauern auf dem Grubberg haben damals ... auf der Pass-Enge Stein- und Erdlawinen auf die von Gaming anrückenden Franzosen niedergehen lassen, die denen heiß zu schaffen machten und den Österreichern kostbare Stunden für den Rückzug sicherten ... nur zwei Kompanien Deutschmeister konnten nicht mehr rechtzeitig nachrücken, und um nicht in Gefangenschaft zu geraten, warfen sie sich in die Schlucht um den Mittersee, wo sie zwei Tage und zwei Nächte ohne Verpflegung blieben. Endlich wagte sich ein verkleideter Mann nach Lunz, wo er den Hammerherrn Johann Franz von Amon aufsuchte und um Hilfe bat. Dieser schickte sofort einen Wagen voll Lebensmittel und sorgte dafür, dass die Österreicher über den Dürrenstein nach Wildalpen geführt wurden und so der Gefangenschaft entgingen."

Johann Franz von Amon: An der Nordseite der Kirche ist uns sein Grabstein aufgefallen. Geboren

1754, gestorben 1825. „Edel und thatenreich war sein Leben", steht da zu lesen. Nach ihm ist das schönste Gebäude von Lunz benannt. Dort ist das Hammerherrenmuseum untergebracht, wo wir mehr über diesen ganz besonderen Hammerherren erfahren wollen. Wir haben Glück, gleich geht eine Führung los.

Im schwarzen Gehrock, wie ihn einst die Hammerherren trugen, kommt der Führer. Er heißt Hans Sieberer und weiß eine Menge zu erzählen. Zuerst einmal über das Amonhaus, ein auffallender Renaissancebau aus dem 16. Jahrhundert, mit Verzierungen in Sgraffito, also schwarz-weißem Kratzputz, auf der Fassade. Ohne Zweifel eines der schönsten Renaissancehäuser in Österreich. Ab 1784 war Johann Franz von Amon Besitzer des Gebäudes. Er war nicht nur Herr über 13 Hämmer in Lunz, Göstling und Hollenstein, er war auch Amtmann von Lunz, also so etwas wie der Bürgermeister.

Hans Sieberer berichtet nun von den drei Ehefrauen des Johann Franz von Amon, die alle drei vor ihm starben. Er war Vater von 14 Buben und sechzehn Mädchen. Übrigens: Der 1986 verstorbene Schauspieler Richard Eybner war ein Nachfahre einer der Amon-Töchter. Nicht nur wegen seines wirtschaftlichen Erfolges machte sich Johann Franz von Amon einen Namen, er kümmerte sich auch um die Bevölkerung, besonders in der Zeit der Franzosenkriege. Als diese vorbei waren, bekam Amon 1810 Besuch von Kaiser Franz I. „Ich danke Ihnen in meinem und im Namen des Vaterlandes für alles, was Sie getan haben", meinte dieser.

Viele Gegenstände des damaligen Lebens sind in

dem Hammerherrenmuseum gesammelt. In einer Vitrine liegen einige Hauben, wie sie Mädchen und verheiratete Frauen trugen. Hans Sieberer macht auf Unterschiede aufmerksam. „Die Mädchen trugen Hauben mit Bändern hinten dran. Schon als Kinder, oft im Alter von zehn Jahren, sind sie einem Bräutigam versprochen worden. Oft genug haben junge Männer auf sich aufmerksam machen wollen, indem sie hinten an den Bändern zupften. Sie kennen doch das Wort ‚anbandeln‘?" Oder: Bei der Hochzeit habe die Schwiegermutter der Braut den Schleier abgenommen und ihr die für Ehefrauen gebräuchliche Haube aufgesetzt. Die junge Frau war „unter die Haube gekommen". Jetzt deutet Hans Sieberer auf eine Eisenkasse. „Da wurde Geld herausgenommen, wenn es gebraucht wurde. Am Boden der Kasse lag das Bild eines Hundes. Wenn die Geldscheine verbraucht waren, kam der Hund zum Vorschein, man war ‚auf den Hund gekommen‘. Unter dem Hundebild war nichts mehr. Wenn es einem schlecht geht, geht's einem also ‚unterm Hund‘."

Ein anderer Raum des Museums macht die Arbeit in den Hämmern plastisch, vom geschmiedeten Hammer bis zum typischen schwarzen Hut der Schmiede. Sieberer erzählt: „In den Hammerwerken herrschte höllischer Lärm. Besonders dort, wo ein Schmied beim Hammer zu arbeiten hatte oder ein Zweiter mit einem Stock die Fluder, also das Wasserrad, und damit den Wasserzufluss steuerte. Kein Wunder, dass man dort oft taub wurde. Im Volksmund wurde der am Hammer ‚hammerterrisch‘, und der am Stock ‚stockterrisch‘ genannt. Letzteres hat sich ja bis heute erhalten." Nun noch ein Blick in die Kapelle des Amonhauses und in die Rauchküche, dann endet die Führung. Wir schauen noch einen Sprung in die Räume des Handarbeitsmuseums, das auch im Amonhaus untergebracht ist.

* * *

Noch steigt ein bisschen Dunst von der Oberfläche des Lunzer Sees auf, dahinter ist der Gipfel des Maiszinken in milchiges Licht getaucht. Der Tag lädt ein zur Seenwanderung, die wir von einigen Einheimischen empfohlen bekommen haben. Der Untersee, wie der Lunzer See auch genannt wird, hat zwei „Brüder": den Mittersee und den Obersee. Vom Ostufer des Lunzer Sees, wo der Seebach einmündet, führt das Seetal in Richtung Süden, eingezwängt zwischen dem Scheiblingstein und dem Großen Hetzkogel. Wir marschieren vom Parkplatz nahe der Biologischen Station weg, vorbei am Schloss Seehof, die Forststraße rechts entlang. Anfangs ist sie von riesigen Kastanienbäumen, dann von Mischwald umgeben, ehe sich nach dem ersten Anstieg eine kleine Ebene öffnet. Rechts hinten röhrt es.

„Sind das Kühe?"

„Kühe röhren nicht!"

„Was dann?"

„Wir haben doch Ende September. Ist das nicht die Zeit der Hirschbrunft?"

„Da könntest du recht haben!"

Ob wir recht haben, lässt sich nicht klären, denn gesehen haben wir keinerlei Wild. Aber jedenfalls hören wir im Weitergehen noch eine Weile ein Röhren von den bewaldeten Hängen herunter.

Der Forstweg führt stetig, aber nicht unangenehm bergauf. Neben uns plätschert der Seebach. Nach einer guten Stunde sind wir beim Mittersee. Ein altes Büchlein aus der Bibliothek von Franz' Vater begleitet uns auf der Wanderung. Dort steht zu lesen, dass der Mittersee auf 717 Metern Seehöhe liegt und 2,5 Hektar groß ist. Es ist ein sehr seichter See, nur etwa drei Meter tief. Er wird malerisch eingefasst von bewaldeten Hängen, Bäume spiegeln sich in der glatten Oberfläche, die nur Streifen bekommt, weil ein Stockentenpaar quer über den See schwimmt. Der Weg führt vom oberen Ende des Sees weiter bergauf. Plötzlich fällt uns auf: Das Rauschen des Baches ist weg! Es ist ganz still. Der Mittersee hat keinen oberirdischen Zufluss. Er ist eine große Quelle, denn er wird nur von dem Wasser gespeist, das von seinem Grund her aus einigen Quelltrichtern aufsteigt. Aber wohin ist der Seebach, der ja vom Obersee herunterkommt, verschwunden? Dieses Rätsel lösen wir dann durch Nachlesen zu Hause: Wie viele Karstbäche legt auch der Seebach Teile seines Weges unterirdisch zurück, er fließt ab in „Ponoren", auch Schlucklöcher genannt, und taucht im konkreten Fall in Form von Quellen am Grund des Mittersees wieder auf.

Der Forstweg führt weiter durch ein lichtes Waldstück, in dem riesige Felsen, offenbar Reste historischer Felsstürze, liegen. Immer steiler geht es nun bergauf, der Bach ist wieder zu hören. Wir schrecken kleine Frösche auf, links vom Weg liegt eine Ringelnatter, des Ringelns offenbar müde, sie flüchtet jedoch rasch bei unserer Annäherung. In einem Holzschlag arbeiten zwei Männer.

„Aufpassen!", ruft uns der eine zu und deutet den Hang hinauf, wo sein Kollege mit der Motorsäge eine riesige Fichte entastet. Der Forstweg nähert sich nun einem Talende, eine Geländestufe, so geht es immer noch steiler bergauf.

„Bist du das, die so keucht?"

„Erraten! Könnten wir bitte das nächste Buch über eine weniger gebirgige Gegend schreiben?"

„Aber es ist doch so schön hier!"

„Da hast du recht. Dort, das intensive Licht auf den Berghängen! Und da vorne links, der große Wasserfall!"

„Das muss der Ludwigfall sein. 60 Meter hoch, habe ich gelesen."

Noch eine Kurve steil nach oben, und noch eine, und noch eine … Knapp zwei Stunden sind wir jetzt unterwegs seit dem Mittersee, dann haben wir ihn erreicht, den Obersee. Schon der erste Blick zeigt: Die Mühe hat sich mehr als gelohnt! Wie ein dunkles Auge, eingefasst von gelbem und braunem Gras, schimmern die Fichten rundum blaugrün im Nachmittagslicht. Wir entdecken eine Bank direkt am See, atmen fest durch und genießen den prachtvollen Blick, bis hinauf auf den Dürrenstein. Wieder ein Blick in unser Büchlein:

„1117 Meter Seehöhe."

„Kein Wunder, dass mir die Luft ausgegangen ist! Wir haben seit dem Mittersee 400 Höhenmeter überwunden!"

„Aber jetzt hast du ja wieder genug Luft. Also: ‚Der Obersee ist wie der Lunzer See durch einen eiszeitlichen Gletscher entstanden, der Mittersee durch einen Felssturz.'"

„Schau, dort hinten, wo die Fichten stehen, das muss die kleine Insel sein. Und der ‚Schwingrasen' die schwimmende Moorwiese!"

Immer wieder schieben sich kleine Wolken vor der Sonne vorbei, so wechseln die Lichtstimmungen ins Bläuliche, dann färbt die pralle Sonne die Szenerie gleich wieder in wärmere Töne. Zwei junge Männer tauchen aus dem Wald auf. „Setzen Sie sich doch ruhig zu uns hier auf die Bank!", bedeuten wir ihnen. Sie erzählen, dass sie über den Lechnergraben hinauf auf den Dürrenstein gegangen und bis jetzt etwa sieben Stunden unterwegs sind. Nun wollen sie den Rückweg über das Seetal nehmen. Noch ein freundliches „Griaß eich!" und schon sind sie wieder weg. Aber auch wir nehmen nun den Rückweg in Angriff. Was beim Hinaufgehen steil gewirkt hat, schaut beim Hinuntergehen auch nicht flacher aus. Aber es ist deutlich weniger schweißtreibend. Gute drei Stunden haben wir vom Lunzer See bis zum Obersee hinauf gebraucht, jetzt sind wir in etwa eindreiviertel Stunden wieder unten. Insgesamt also fünf Stunden voller wunderschöner und vielfältiger Naturerlebnisse.

Rezepte

Zutaten (für 4 Personen):
1 Saibling
1 Forelle
300 g Zanderfilet

Für den Gemüsefond:
1 große Karotte
¼ Sellerie
1 Gelbe Rübe
½ Lauchstange
1 Fenchelknolle
1 Zwiebel
Pfeffer
2 Pimentkörner
Lorbeer
Salz

Für den Fischfond:
oben genannten Fisch
die Schalen von Sellerie,
Lauch und Fenchel
¼ l Weißwein
1 Schuss Weißweinessig
1 knapper TL Koriandersamen
Pfefferkörner
Lorbeer
Salz

Zur Fertigstellung:
200 g klein geschnittenes Tomatenfleisch
(Tomatenpulpe/polpa di pomodoro)
etwas Knoblauch
Oregano
1 Stk. Sternanis
Thymian

Lunzer Fischsuppe
Rezept von Manfred Krawanja/Restaurant „Seeterrasse", Lunz am See

Für den Gemüsefond Karotte, Sellerie, Gelbe Rübe, Lauch, Fenchel und Zwiebel putzen und mit 1,5 l kaltem Wasser zustellen, etwas Pfeffer, Piment, Lorbeer und Salz dazugeben, etwa eine halbe Stunde kochen lassen, abseihen.

Den Fischfond ansetzen, indem Saibling, Forelle und Zanderfilet filetiert und entgrätet werden. Die Filets beiseitestellen. Die Karkassen mit den Schalen von Sellerie, Fenchel und Lauch, sowie mit den Koriandersamen, ein paar Pfefferkörnern, 1 Lorbeerblatt, Weißwein, dem Schuss Weißweinessig und ½ TL Salz in 1,5 l Wasser kalt zustellen, aufkochen lassen, 30 Minuten köcheln lassen, dann abseihen.

Zwiebel, Karotte, Sellerie und Gelbe Rübe à la julienne schneiden, in Olivenöl mit etwas Knoblauch anschwitzen, das Tomatenfleisch dazugeben, mit Fisch- und Gemüsefond (halb/halb) aufgießen (jeweils etwa 1 Liter).

Mit Salz, Pfeffer, Oregano, Sternanis und Thymian abschmecken.

Die in Stücke geschnittenen, von Gräten befreiten Fischfilets in die heiße Suppe legen und 10 Minuten ziehen lassen.

Lunzer Seesaibling mit Erdäpfeln und Gemüse
Rezept von Manfred Krawanja/Restaurant „Seeterrasse", Lunz am See

Saiblingsfilets entgräten, Bauchflossen abschneiden, Fisch mit Salz, Pfeffer und dem Saft der Zitrone würzen, beiseitestellen. Gemüse schälen, blättrig schneiden, in Salzwasser bissfest kochen. Die Erdäpfel in der Schale kochen.

Für die Kräuterbutter die Butter mit Kräutern, Salz, Pfeffer, Knoblauch, Zitrone und 1 EL Rindsuppe schaumig rühren.

Den Fisch hautseitig knusprig braten.

Das Gemüse mit etwas Butter anschwenken. Die Erdäpfel schälen, ebenfalls in Butter schwenken, gehackte Petersilie dazumischen.

Anrichten: Die Fischfilets aufs Gemüse setzen, die Petersilienerdäpfel daneben platzieren, mit der flüssigen Kräuterbutter überziehen.

Zutaten (für 4 Personen):
4 Seesaiblingsfilets à 150 g
Salz
1 Zitrone
Öl zum Braten

Für die Zitronen-Kräuterbutter:
150 g Butter
Schnittlauch
Petersilie
1 Prise Salz
1 Prise Pfeffer
1 zerdrückte Knoblauchzehe
1 Schuss Zitronensaft
1 EL Rindsuppe

Für die Beilagen:
ca. 400 g Erdäpfel festkochend
1 große Karotte
1 große Gelbe Rübe
1 Zucchino
2 Jungzwiebeln
Petersilie, gehackt

INFORMATIONEN

Tourismusverein Lunz am See
Hammerherrenmuseum und Handarbeitsmuseum
im Amonhaus
Amonstraße 16
3293 Lunz am See
Tel.: +43-7486-8081/15
E-Mail: info@lunz.gv.at
www.lunz.at

WasserCluster Lunz – Biologische Station
Dr.-Carl-Kupelwieser-Promenade 5
3293 Lunz am See
Tel.: +43-7486-20060
E-Mail: office@wcl.ac.at
www.wcl.ac.at

ESSEN

Restaurant „Seeterrasse"
Manfred Krawanja
Seepromenade 11
3293 Lunz am See
Tel.: +43-7486-8303
E-Mail: lunz@seeterrasse.at
www.seeterrasse.at

Am Erlaufsee –
Grün in allen Tönen

Was haben der Lunzer See und der Erlaufsee gemeinsam? Beide liegen wie schillernde, grüne Augen eingebettet in eine malerische Bergwelt. Was unterscheidet sie? Im Gegensatz zum niederösterreichischen Lunzer See gehört der Erlaufsee zur Hälfte in die Steiermark.

„Eine Grenze zwischen den Bundesländern Niederösterreich und Steiermark, die der Länge nach durch den See führt? Warum eigentlich?"

„Historisch bedingt durch die bewegte Geschichte zwischen dem Herzogtum Steiermark und dem Erzherzogtum ‚Österreich unter der Enns'."

Wir spazieren die steirische Südseite des Erlaufsees entlang.

„Ich habe irgendwo gelesen, dass sich die Stifte St. Lamprecht auf der steirischen Seite und Lilienfeld in ‚Österreich unter der Enns' schon vor Jahrhunderten die Fischrechte im Erlaufsee geteilt haben."

„Wo genau die Grenze im See verläuft, können

wohl nur die Vermesser sagen. Gestatte mir meine Ironie in Sachen Grenzfindung: Entlangfahren ginge nur per Boot. Oder beim Eislaufen im Winter."

Jetzt ist aber – völlig ohne Ironie – Sommer und wir treffen auf eine Gruppe von Männern, die sich für einen Tauchgang bereit machen. Der Erlaufsee ist ein beliebtes Tauchrevier. „Unter Wasser gibt's bestimmt auch keine Grenzschilder", scherzen wir im Vorbeigehen. „Nein. Aber vielleicht kennt man's daran, ab wo die Fische bellen!", lacht einer der Taucher in Anspielung auf den steirischen Dialekt. Das mit der Landesgrenze wird ohnehin nicht ganz streng gehandhabt. Im niederösterreichischen Mitterbach dürfen zum Beispiel auch Polizisten aus dem steirischen Mariazell aktiv werden.

Wie der Lunzer See hat auch der Erlaufsee hellgrüne und dunkelgrüne Bereiche. Intensives Grün in vielen Schattierungen. Hellgrün, so heißt es in einer Sage, sei der See dort, wo einst ein eifer-

süchtiger Müller seine Frau ertränkt habe, dunkel dort, wo er sich dann selbst in die Fluten gestürzt habe. De facto ist die „Seewanne" im Westen bis zu 38 Meter tief – also dunkel anzusehen, im Osten schimmert eine „Seekreidebank" mit kalkhaltigem Kreidemergel, also hellem Sedimentgestein. Wir spazieren in Richtung Westufer, dort wo die Erlauf in den See mündet, nachdem sie kaum zwei Kilometer entfernt beim „Erlaufursprung" aus einer malerischen Karstquelle hervorgebrochen ist. Der „Seewirt" nahe dem Westufer ist gut besucht, wohl wegen seiner Fischspezialitäten. Wir biegen in Richtung Nordufer ab. Die Gegend hier ist ein Natur- und Landschaftsschutzgebiet. Schöne Wiesen, nette Waldstriche, hübsche Häuser, die auf eine lange Tradition der Sommerfrische schließen lassen, die wechselnden Grüntöne des Sees – eine Idylle in des Wortes bester Bedeutung. Jetzt ist das Ostufer mit seinem Badestrand samt Bootsverleih und Buffet erreicht.

„Wir hätten unsere Badesachen mitnehmen sollen."

„Stimmt! Aber wir können ja als Alternative zum Baden mit dem Sessellift auf die Gemeindealpe fahren."

„Gut. Aber vorher lade ich dich noch auf eine kleine Stärkung dort drüben ins Café-Restaurant ‚Herrenhaus' ein!"

Am Eingang des Gastgartens steht auf einem Schild zu lesen, dass das Haus erstmals erwähnt wurde, als Franz Schubert hier das Lied „Am stillen Erlafsee" komponierte (Erlafsee stand früher für Erlaufsee). Wir suchen uns einen Platz in der verglasten Veranda mit Blick auf den See, bestellen uns eine Schwammerlsoße und stöbern via Smartphone im

Internet. 1817 vertonte Schubert einen Text seines Freundes Johann Baptist Mayrhofer. Der Text ist rasch gefunden:

„Mir ist so wohl, so weh'
Am stillen Erlafsee;
Heilig Schweigen
In Fichtenzweigen.
Regungslos
Der blaue Schooß,
Nur der Wolken Schatten flieh'n
Überm glatten Spiegel hin.

(...)

Frische Winde
Kräuseln linde
Das Gewässer;
Und der Sonne
Güldne Krone
Flimmert blässer.

Mir ist so wohl, so weh'
Am stillen Erlafsee."

Na ja, uns wird eher „weh" beim Lesen eines solch schwülstigen Textes (daheim dann beim Anhören des Liedes stört uns in Verbindung mit der wunderbaren Schubert-Musik der Text kaum noch).

Es findet sich aber noch andere Prominenz, auf die das „Herrenhaus" verweist. Vor einem großen Gastraum hängt eine Steintafel: „Seine Kaiserlich-Königliche Apostolische Majestät Kaiser Franz Joseph I. haben am 23. Mai 1853 in diesem Zimmer

das Nachtlager genommen." Weshalb offenbar dieser Gastraum jetzt „Kaisersaal" genannt wird. Drinnen hängt neben dem Kachelofen ein Bild. „Das ist doch der junge Kaiser Karl?", fragen wir den Chef des Hauses, Gottfried Engleitner, der sich zu uns gesellt hat. „Nein, das bin ich!", kontert er. Unglaublich! Wir stellen ihn zwecks Überprüfung im Profil neben das Bild. Eine Ähnlichkeit zwischen gemaltem Jung-Engleitner und dem gegenwärtigen Engleitner ist erkennbar. „Na gut", akzeptieren wir den „Kaiser" Gottfried Engleitner. Der spekuliert bestimmt gerne und augenzwinkernd mit solchen Fragen seiner Gäste, sonst hätte er nicht unter das „Doppelgänger-Konterfei" ein Bild von Kaiser Franz Joseph gehängt. Am Verandafenster hat jetzt ein riesiger rotblonder Kater Platz genommen. Wie er heißt? „Franz Joseph natürlich!" Bei frischem Marillenkuchen und der berühmten „Herrenhaus-Cremeschnitte" plaudern wir noch ein wenig mit dem Chef, der – so wie das „Herrenhaus" im Sommer – auf der Mitterbacher Gemeindealpe im Winter das Wirtshaus „Zum Bäreneck" betreibt.

Zugegeben, es ist keine sportliche Herausforderung, auf diese Weise den Gipfel der Mitterbacher Gemeindealpe zu „erklimmen". Aber so gemächlich mit einem Sessellift in die Höhe zu gleiten, bietet doch eine ganz spezielle Art stetig sich wandelnder Aussicht.

„Schau, da rechts. Da ist jetzt schon der Ötscher zu sehen!" Umsteigen bei der Mittelstation. Unter uns lässt sich erkennen, wo die 15 Kilometer Skipisten im Winter die Skifahrer erfreuen. Ganz oben, auf über 1600 Metern Seehöhe, steht das neue Terzerhaus. Es hat 2014 das 100 Jahre alte Terzerhaus ersetzt, das rund ums Jahr dem Ansturm von Wanderern und Skifahrern kaum noch gewachsen war. Rechts drüben, nahe einer Station des Bundesheer-Radarsystems „Goldhaube", starten der Reihe nach die Paragleiter. Noch ein paar Schritte weiter und wir schauen ungehindert hinüber auf den Ötscher, der im Norden der Gemeindealpe seine Felsmassive präsentiert. Davor sind die Ötschergräben zu erkennen. Darüber spannt sich ein intensiv blauer Himmel. Feinste Fernsicht in alle Richtungen, auch hinunter

auf den Erlaufsee. Richtung Südosten ist Mariazell zu erkennen, Richtung Westen erhebt sich aus dem Bergpanorama der Dürrenstein. Unser optischer Genuss wird akustisch unterbrochen. Vater, Mutter und zwei Kinder tragen lautstark ihre Meinungsdifferenzen darüber aus, wie es nun zu Tal gehen soll. Die Kinder setzen sich durch: Wir sehen die Familie kurz danach auf Crossrollern die Forststraße hinunterdüsen. Die Roller sehen aus wie riesige Dreiradler, man kann sie für eine rasante Talfahrt mieten. Wir ziehen die gemütliche Sessellift-Variante vor. Die Aussicht ist auch bei der Talfahrt interessant.

„Schau doch, dort unten im Zentrum von **Mitterbach**, gegenüber der Kirche, das müsste das Haus sein, in dem meine Großeltern in den 1960er-Jahren immer wieder Urlaub gemacht haben!"

„Ein Hotel?"

„Nein, es war ein Gästehaus des Ordens ‚Schwestern vom Göttlichen Heiland'. ‚Josefsheim' hieß es. Ob es das noch gibt?"

„Zuser's Pension" steht jetzt auf dem Haus, das einmal das Josefsheim gewesen sein muss. Das Mosaik mit dem heiligen Josef über der ehemaligen Eingangstür ist noch vorhanden. Aber der Eingang ist jetzt in einem seitlichen Zubau. „Besetzt! Voll!" steht mit Kreide auf eine Tafel geschrieben. Das Haus scheint nach wie vor beliebt zu sein. Der Herr an der Rezeption entpuppt sich als der Besitzer Herbert Zuser. „2005 habe ich das Haus von den Ordensschwestern gekauft", erzählt er und führt uns herum. „Meine Großeltern hießen Elisabeth und Karl Brosch." – „Gibt es noch alte Gästebücher?" – „Ich werde gerne nachsehen,

Herr Hlavac, einige sind erhalten geblieben", verspricht Herr Zuser, findet allerdings nichts.

„Hier ist die Hauskapelle, die ist völlig unverändert, die muss also auch schon so gewesen sein, als Ihre Großeltern hier waren!"

„Sie haben immer nach Hause geschrieben, wie gut es ihnen hier gefällt. Unsere Familie hat damals nicht mehr in Amstetten, sondern schon in Wien gewohnt. Von da gab es Busfahrten nach Mitterbach. Auch später, als mein Großvater gestorben war, in den 1970er-Jahren, ist meine Großmutter noch alleine hergekommen. Auch weil sie immer wieder nach Mariazell wollte."

Ob Mariazellerbahn oder der Pilgerweg *Via Sacra* – jeweils ist Mitterbach die letzte Station vor Mariazell, direkt an der steirisch-niederösterreichischen Grenze. Der Ort hat heute etwa 500 Einwohner, ist aus einer Holzarbeitersiedlung entstanden und hat eine Geschichte, in der der Protestantismus eine wesentliche Rolle gespielt hat. In einem alten Reiseführer von 1925 liest sich das so:

„Als der Holzspekulant Franz Gügel zur Zeit Maria Theresias die Ausbeutung der (Anm.: dem Stift Lilienfeld gehörenden) Wälder an der Süd- und Ostseite des Ötschers in Angriff nahm, siedelte er auch zahlreiche Holzknechte aus dem Salzburgischen um Mitterbach an, die ehemals Protestanten waren. ..." Im Jahr 1781 schuf dann das von Kaiser Joseph II. erlassene Toleranzpatent Religionsfreiheit, *„... worauf sich sofort über 100 hiehergewanderte Holzknechte als Protestanten erklärten, denen schließlich nach vielen Bemühungen Kaiser Joseph II. gestattete, in Mitterbach ein Bethaus und eine Schule zu bauen".*

Das Bethaus entstand 1785: ein sogenanntes „Toleranzbethaus", das äußerlich nicht wie eine Kirche aussehen, keinen Turm und nur einen abseits der Hauptstraße gelegenen Eingang haben durfte. So entstand die älteste evangelische Pfarrkirche Niederösterreichs. Der Turm wurde erst 1849 gebaut. Heute ist noch etwa ein Drittel der Mitterbacher evangelisch. Mitterbach nahm Aufschwung, als 1907 die Mariazellerbahn eröffnet wurde. So kamen die ersten Sommerfrischler in den Ort, Villen und Gasthöfe wurden gebaut. In der Zwischenkriegszeit wurde dann auch jenes Gebäude errichtet, das erst ein Kindererholungsheim des „Charitas Verbandes" war, dann das Gästehaus der „Schwestern zum Göttlichen Heiland" wurde und nun „Zuser's Pension" ist. Der Architekt Bruno Buchwieser sen. hat es gebaut und übrigens in dieser Zeit auch zahlreiche andere am Historismus orientierte Bauten in Wien errichtet – meist im Auftrag kirchlicher Institutionen; zum Beispiel auch das heutige Krankenhaus „Göttlicher Heiland", in dem auch die Ordenskongregation „Schwestern vom göttlichen Erlöser" (in Österreich als Kongregation auch „vom göttlichen Heiland" genannt) wirken. Nach 1945 war Buchwieser auch am Wiederaufbau des Stephansdoms in Wien beteiligt.

Im Mitterbacher Josefsheim konnte man sich zu Zeiten der Großeltern wohlfühlen. Da kamen vom Ehepaar Brosch an die Lieben zu Hause Mitteilungen wie folgende Postkarte aus dem Jahr 1969: *„Opa und mir geht es sehr gut. Das Essen ist noch viel besser wie früher. Die Pension ist 70 Schilling pro Person. Heute hatten wir Rindsschnitzel mit zwei Kartoffelknödeln, Nudelsuppe, Preiselbeeren und 2 wunderbare Topfengolatschen pro Person. Wir können alles gar nicht aufessen."*

Als Großmutter Brosch nach dem Tod ihres Mannes 1973 wieder dort war, schrieb sie einmal nach Hause: *„Um ¼8 Uhr fuhr ich mit der Bahn nach Mariazell. Vom Bahnhof bis zur Basilika ging ich mit Frau Kröpfl zu Fuß und zurück zum Bahnhof auch wieder. Es war ein wunderschöner Morgen. Erst lagerte überall der Nebel. Es war herrlich zu gehen. Du kannst Dir nicht vorstellen, wie herrlich die Natur nach dem vielen Regen ist. Ein wunderschöner Blumenteppich, herrlich blauer Himmel und die Wälder. Mir gefällt es immer besser hier!"*

Wir wollen es Franz' Großmutter nachmachen und fahren von Mitterbach auch mit der Mariazellerbahn die paar Kilometer hinüber in den steirischen Wallfahrtsort. Wir gehen vom Bahnhof zur Basilika und genießen den blauen Himmel über der Landschaft. Der Genussfaktor ist auch vierzig Jahre nach der Postkarte der Großmutter unverändert hoch. Die Großmutter wird nach stillem Innehalten in der Basilika eine Kerze entzündet haben – so wie wir es in der Kerzengrotte hinter der Basilika tun. Wahrscheinlich ist sie wie wir auch in die Apotheke „Zur Gnadenmutter" gegangen, um Mittelchen gegen Wehwehchen zu besorgen. Bestimmt konnte sie wie wir dem Lebkuchen und dem „Mariazeller Kräuterlikör" nicht widerstehen. Es geht uns mit dem grünen Erlaufsee, Mitterbach und Mariazell jedenfalls wie ihr: Uns gefällt es immer besser hier – mit jedem Mal Hinfahren.

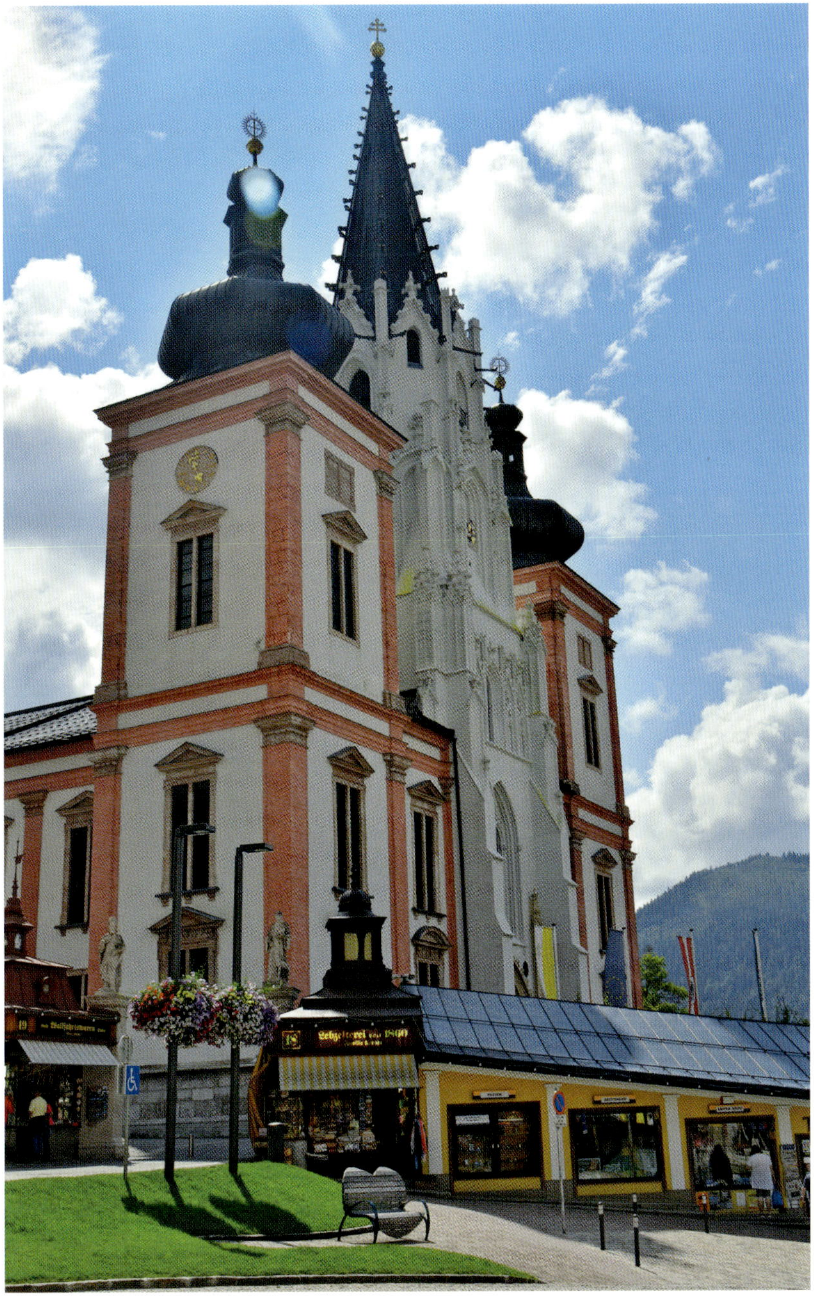

RESTAURANT SCHWARZER ADLER

Die
Gnadenbilder
Unserer Lieben Frau

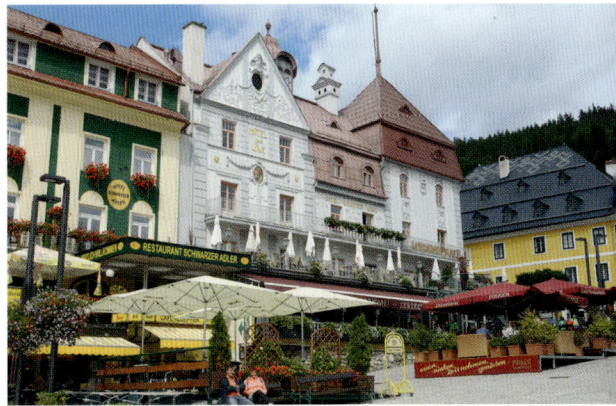

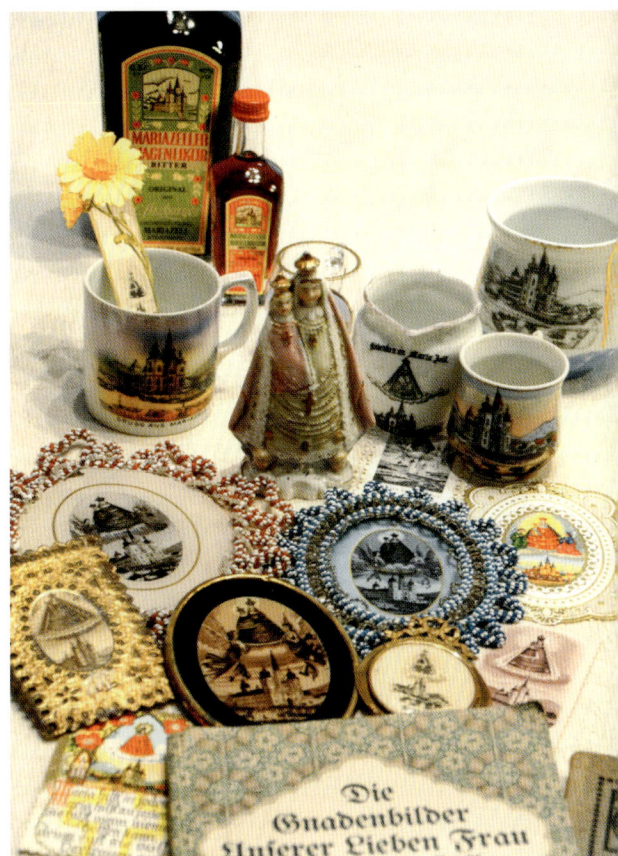

INFORMATIONEN

Tourismusverein Mitterbach
Lederergasse 9
3224 Mitterbach am Erlaufsee
Tel.: +43-3882-4211
E-Mail: tourismus@mitterbach.at
www.mitterbach.at

Bergbahnen Mitterbach
Seestraße 28
3224 Mitterbach am Erlaufsee

NÖVOG Infocenter
Tel.: +43-2742-3609 9099
E-Mail: info@noevog.at
www.gemeindealpe.at

ESSEN UND WOHNEN

Gasthof „Seewirt"
Familie Tobiaschek
Erlaufseestraße 80
8630 St. Sebastian
Tel.: +43-3882-24300
E-Mail: seewirt.mariazell@aon.at

Café Restaurant „Herrenhaus"
Sylvia und Gottfried Engleitner
Erlaufseestraße 73
8630 St. Sebastian/Mariazell
Tel.: +43-3882-3138 und +43-676-591 5647
E-Mail: buero@engleitner-oeg.at
www.herrenhaus-see.at

Wirtshaus „Zum Bäreneck"
Gemeindealpe 1
3224 Mitterbach am Erlaufsee
Tel.: +43-676-591 5647
E-Mail: buero@engleitner-oeg.at

Terzerhaus
Thomas Wallner
Gemeindealpe 4
3224 Mitterbach am Erlaufsee
Tel.: +43-699-12043852
E-Mail: office@terzerhaus.at
www.terzerhaus.at

Pension Zuser
Hauptstraße 12
3224 Mitterbach am Erlaufsee
Tel.: +43-3882-2127
E-Mail: zuser@mariazellerland.at
www.pension-zuser.at

Am Himmel
über dem Ötscherland

„Mit unserem Erforschen des Ötscherlandes kann ein langgehegter Wunsch von dir in Erfüllung gehen!"

„Welcher?"

„Du willst doch seit Jahren mit einem Ballon hoch hinaus!"

„Sehr richtig, lieber Franz, aber bisher hat es nie geklappt!"

„Na, dann wollen wir uns doch auf diese Art den Ötscher samt Umgebung von oben betrachten! Ein bisschen Abenteuer und viele schöne Fotos für unser Buch."

„Das geht?"

„Bei Wieselburg gibt's ein Unternehmen namens *Mostviertel Ballooning*, das der mehrfache Staatsmeister und Vizestaatsmeister im Ballonfahren Andreas Simoner betreibt."

„Und du würdest ihn fragen, ob wir per Ballon über den Ötscher fahren können?"

„Trotz deiner Höhenangst?"

„Angeblich hat man die ja beim Ballonfahren nicht!"

Einige E-Mails und einige Wochen später sitzen wir in **Marbach bei Wieselburg** im Büro von Andreas Simoner und fragen, ob er Zeit und Lust hat, mit uns so eine Ballonfahrt zu machen. Er hat Lust. Und wir vereinbaren, dass wir ihm mitteilen, wann wir Zeit haben, und er sich meldet, wenn die Wetterbedingungen passen.

Wochen, Monate ziehen ins Land – immer sind entweder wir nicht da oder das Wetter macht die geplante Ballonfahrt unmöglich. Denn über den Ötscher oder neben dem Ötscher vorbei mit Blick auf die Ötschergräben zu fahren klingt zwar

einfach, ist es aber nicht. Der Wind darf nicht zu stark sein und muss doch ein wenig in die richtige Richtung blasen. Ein Ballon ist ja nur durch Änderung der Höhe steuerbar. In verschiedenen Höhen können unterschiedliche Windverhältnisse herrschen, die genutzt werden, um die Richtung zu bestimmen. Richtiger Wind heißt also unserem Fall: aus Südosten, denn der Startpunkt für diese Fahrt ist die Gegend von Mariazell. Aber im Sommer und Herbst regnet es viel in der Gegend, oft ist alles in Dunst gepackt, später auch in Nebel, und der Wind bläst meist zu stark und aus der falschen Richtung. Geduld ist angesagt, was uns nicht ganz leichtfällt in unserer Neugier auf das ganz besondere Erlebnis.

Wieder einmal sitzen wir an einem unserer „Ötscherland-Erkundungswochenenden" im Gästehaus Schabel-Zehetner in Scheibbs beim Frühstück. Da läutet gegen 8.30 Uhr das Telefon. „Ich habe die

Freigabe von der Luftfahrtbehörde *Austro Control*, heute kann's losgehen! Treffpunkt 12.45 Uhr bei uns in Marbach", teilt Andreas Simoner mit.

Ganz pünktlich sind wir da, Herr Simoner erledigt die letzten vorbereitenden Checks in Sachen Wind und Wetter, dann fahren wir los. Mit dabei sein Vater Leo und Herbert Schmid. Beide werden helfen, den Ballon startklar zu machen, dann mit dem Auto dem Ballon zur Landestelle folgen und wieder alles verstauen. „Verfolger" sind sie, bekommen wir den Fachjargon der Ballonfahrer erklärt. Von der Landestelle weiß man ja bekanntlich vorher nicht, wo sie sein wird, die bestimmt der Wind. Kontakt mit dem Piloten im Ballon wird per Funk gehalten.

Der Startpunkt ist klar: Es soll der kleine Flughafen in St. Sebastian bei Mariazell sein. Über den Zellerrain führt die Straße. „16 Grad Außentemperatur", konstatiert Andreas Simoner, „und das am 2. November!" „Schaut da hinauf!" Über dem Gipfel der Mitterbacher Gemeindealpe kreisen an die 20 Paragleiter. Das weist auf intensive Thermik hin; die freut Paragleiter, aber Ballonfahrer macht sie besonders vorsichtig. Thermik, also Aufwinde durch Sonneneinstrahlung, können sie nicht brauchen, die macht einen Ballon weniger kontrollierbar.

In St. Sebastian angekommen, begibt sich Herr Simoner zum kleinen Kontrollturm des Flugplatzes. Der Wind in Bodennähe ist stärker als angenommen. „Acht Knoten, aber der Start wird schon gehen!" Auf einer Wiese neben dem Flugfeld wird der Korb aus dem Anhänger geladen und dann der Ballon ausgelegt. Ein Ventilator bläst nun Luft in den Ballon. Als er fast voll ist, springt Andreas Simoner in den Korb und zündet in Intervallen den Brenner, die warme Luft richtet den Ballon auf. Dann sind wir zwei Passagiere dran, in den Korb zu klettern – und ab geht's! Unser Pilot lässt den Ballon rasch steigen, so ist von Thermik nichts zu spüren, ganz gleichmäßig geht es in die Höhe. Und schon eröffnen sich faszinierende Ausblicke auf den Erlaufsee, Mariazell, Mitterbach, die Mariazellerbahn, dann sind wir schon höher als die Gemeindealpe. Es ist ganz still. Nur wenn Simoner den Brenner zündet, wird die Stille kurz unterbrochen.

Jetzt zieht der Ballon langsam über die Landschaft. Es ist, als ob auch die Zeit stehen bliebe oder zumindest sich verlangsame. Wir sind schon weit über 1000 Meter, da werden nicht nur Bergsteiger, sondern auch Ballonfahrer per Du. Die Ötschergräben zeigen ihre malerischen Felskonturen zu Füßen des Ötschers. Wie ein riesiger Riss in der Landschaft klaffen die Felswände auseinander. Das herbstlich flache Sonnenlicht lässt den „Vaterberg" und seine Gräben zu bizarren Ornamenten werden. Die Stille, die Stille ... Man könnte aufs Atmen vergessen. Kurz wird diese Stille, die Andreas nicht weniger genießt als wir, durch ein Sportflugzeug unterbrochen, das neben dem Ötscher auftaucht. Ein ungewohnter Anblick, so auf Augenhöhe mit dem kleinen Flieger! Schneereste vom ersten Wintereinbruch vor zwei Wochen bilden mit den intensiver werdenden Schatten scharfe Kontraste in der Gipfelregion und auf dem Rauen Kamm. Wie hat Andreas' Vater Leo, der den Berg kennt wie die sprichwörtliche Westentasche, erzählt? Da geht in der oberen Zone rund um den Berg herum ein „Kaiser-Franz-Josef-Steig", der nicht markiert ist und über sehr steile Abhänge führt. Dort gibt es auch Dolinen, aus deren Tiefe früher, in den kühlschranklosen Zeiten, auf mühsame Weise Eisblöcke zur Kühlung geholt wurden.

Der Wind dreht leicht. Er treibt den Ballon etwas weg vom Ötscher. Andreas ist ganz konzentriert. „Wir werden bei Annaberg landen", sagt er und peilt den zugehörigen Joachimsberg an. Der Ballon sinkt, immer näher hin auf diesen Hügel, auf dem sich einige Häuser und Wiesen, ein Reitplatz und eine Pferdekoppel abzeichnen. Der Bodenwind dreht weiter und so landen wir nach einer wunderbaren Stunde Ballonfahrt mitten auf der Pferdekoppel. Dort stehen fünf Haflinger und wundern sich wohl über das seltsame Riesending, das da vom Himmel auf ihre Wiese gekommen ist ... und über die drei Menschen, die aus dem Korb krabbeln, der umgekippt ist, als eine letzte Böe auf den Ballon gedrückt hat. Wir stellen uns lachend vor, was die Pferde sich nun wohl denken. Sie kommen näher, lassen aber diesbezügliche Fragen unbeantwortet. Aber sie bekommen ihrerseits erzählt: „Jetzt ist es bewiesen, nicht eine Sekunde lang hat man, nein besser frau, Höhenangst beim Ballonfahren!"

Andreas geht den Bauern suchen, dem die Koppel gehört. Aber der ist nicht auffindbar. Die beiden „Verfolger" Leo und Herbert sind mit dem Auto und dem Anhänger auch eingetroffen. Es findet sich keine Möglichkeit, auf die Koppel zu fahren, nur zum Zaun hin. Also heißt es: Ballon zusammenlegen, in eine Tasche drücken und diese dann ebenso wie den schweren Korb an den Rand der Koppel tragen beziehungsweise ziehen. Die

vier Herren geraten ins Schwitzen. Die Dame ist zwecks Anfertigens von Fotodokumenten von der Schwerarbeit entbunden.

„Jetzt gibt's aber eine Stärkung hier beim ‚Schaglhof'!", befindet Andreas. Ein guter Imbiss samt Blick auf den in der Dämmerung immer dunkler werdenden Ötscher, das setzt die Eindrücke der Ballonfahrt würdig fort. Aber etwas Wichtiges kommt noch: Wir Ballonfahrt-Neulinge müssen ja noch getauft werden. Laut einem Gesetz des Königs Ludwig XVI. von Frankreich war es ursprünglich nur Adeligen gestattet, sich per Ballon in die Lüfte zu erheben. So wird auch heute noch jeder Passagier nach der ersten Fahrt per Taufe symbolisch in den Adelsstand erhoben. Also bekommen auch wir ein Haar angesengt (das Feuer treibt ja den Ballon nach oben), das anschließend mit Sekt ordentlich gelöscht wird (der Rest dieses Taufwassers wird getrunken). Außerdem erforderlich ist ein entsprechendes Gelöbnis zu Rechten und Pflichten, zum Beispiel niemals „Ballonfliegen" zu

sagen. Denn mit Ballonen „fährt" man, es heißt ja auch Luftfahrt, so wie Schifffahrt. Am Ende sind wir dann „Gräfin Gisela, die furchtlose Fortuna der Lüfte von St. Sebastian bis zu Joachimsberg", und „Graf Franz, in St. Sebastian startender Ritter der feurigen Flamme mit der Hofratslandung zu Joachimsberg". Puh! Diese Adelstitel müssen wir uns als ordentliche Ballonfahrer ab nun auswendig merken, lässt uns „Fürst Andreas Simoner" wissen. Wir werden's versuchen. Wir können ja in Zukunft bei Ötscher-Wanderungen diese Namen ausgiebig memorieren!

INFORMATIONEN

Mostviertel Ballooning
Andreas Simoner
Marbach 30
3250 Wieselburg
Tel.: +43-664-2010787
E-Mail: mostviertel.ballooning@a1.net
www.mostviertelballooning.at

ESSEN UND WOHNEN

Reiterhof und Gasthaus Schagl
Martin und Marianne Pfeffer
Lassingrotte 41/Joachimsberg
3223 Wienerbruck
Tel.: +43-2728-348
E-Mail: info@schaglhof.at
www.schaglhof.at

Ein weihnachtliches
Postskriptum!

Unser Ötscherland-Entdeckungsjahr haben wir stimmungsvoll ausklingen lassen mit Advent-, Weihnachts- und Dreikönigsausflügen. Kurz wollen wir auch darüber noch berichten:

Am 6. Dezember machen wir eine Fahrt mit der Mariazellerbahn nach Mariazell zum Adventmarkt. Am Hinweg mit dem nostalgischen elektrischen „Ötscherbär"-Zug sorgen ein Nikolaus und ein Krampus für Fröhlichkeit. Sie steigen in Laubenbachmühle zu und bringen für brave Kinder ein Sackerl mit Schokolade, Äpfeln und Nüssen mit. Warum Franz auch ein Sackerl bekommen hat, weiß nur der Nikolaus (wie der Krampus übrigens sonst Mitglied der Krampusgruppe *Mitterbacher Seeteufl'n*). Der Advent in Mariazell ist immer einen Ausflug wert wegen seiner ruhigen, festlichen Stimmung, dem Adventmarkt mit vielfältigem Kunsthandwerk, der Kulisse am Hauptplatz mit der Basilika. Und die Rückfahrt in der „Himmelstreppe" ist auch wieder ein erholsamer Ausklang eines Ausflugtages.

Am nächsten Tag sehen wir am Weg zum Gaminger Weihnachtsmarkt sogar ein wenig Schnee. In Gaming selbst regnet es zwar, aber der Großteil des Marktes ist ja in den verschiedenen Sälen der Kartause untergebracht. Dort lässt sich das eine oder andere kleine Weihnachtsgeschenk finden.

Für das Mittagessen haben wir wieder einmal den „Gasthof Stadler" in Reinsberg ausgewählt (siehe auch das Kapitel „In Scheibbs und um Scheibbs"). Am Weg dorthin über den Buchberg grüßt uns die erste echte Schneelandschaft dieses Winters. Juniorchef Markus Stadler erfreut uns mit Poggauer Junglamm auf Karotten-Ingwer-Püree mit Erdäpfelkroketten und erzählt vom gro-

ßen Kräutergarten, den seine Eltern und er in der warmen Jahreszeit entsprechend dem Wissen der Hildegard von Bingen pflegen.

* * *

Natürlich muss in diesem Jahr auch unser Weihnachtsbaum aus dem Ötscherland kommen. Wir haben ihn aus Ober-Grafendorf im Pielachtal geholt. Während des Sommers sind wir dort immer wieder an der Christbaumzucht der Forstverwaltung Fridau-Tacoli vorbeigefahren. Der Name ist uns aufgefallen, denn aus dem Friaul kennen wir ein Weingut namens Tacoli-Asquini – geführt von Paolo Tacoli – in Bicinicco südlich von Udine. Ob die zusammengehören? Sie gehören zusammen! Als wir nach Ober-Grafendorf fahren, um einen Christbaum zu erwerben, haben wir Gelegenheit, mit Ludovico Tacoli, dem ältesten der vier Söhne des Familienchefs Alexander Tacoli, zu sprechen. Er leitet das Gut Fridau. Auf die Frage nach der Beziehung zum friulanischen Tacoli-Weingut sagt er: „Das sind Cousins!"
Wir haben immer gerne große Weihnachtsbäume. „Ich empfehle Ihnen eine Colorado-Tanne, die duftet besonders gut." Ludovico Tacoli hat uns aber nicht nur manches über Christbäume erzählt, sondern auch über die Familiengeschichte. Die ist überaus spannend. Wir haben auch noch dazu nachgelesen. Im 12. Jahrhundert waren die Familie und ihr Heer dabei, als es galt, das norditalienische Modena gegen Kaiser Friedrich Barbarossa zu verteidigen. Urgroßvater Achille Marchese Tacoli war der Obersthofmeister des letzten Herzogs von Modena und ging mit ihm nach Wien, als Modena

1860 an das italienische Königreich fiel. Durch Einheirat in eine steirische Adelsfamilie kam unter anderem das steirische Schloss Birkenstein in die Familie, bis heute der Hauptsitz der österreichischen Tacoli. Außerdem gehört auch das Hotel „See-Villa" am Kärntner Millstätter See der Familie. Das einst zum Gut Fridau gehörende Schloss ist nicht mehr im Besitz der Familie. Es war durch den Zweiten Weltkrieg schwer beschädigt worden, steht seit 1950 unter Denkmalschutz und wurde 1974 an das Land Niederösterreich verkauft. Heute ist es im Besitz einer Privatfirma und wartet weiter auf eine Restaurierung, was nicht nur angesichts der erhaltenswerten Fresken des Barockmalers Daniel Gran im Prunksaal des Schlosses dringend nötig wäre. „Taccoli", das ist auf Italienisch die Dohle. Deshalb findet sich dieser schwarze Vogel im Familienwappen, das sowohl die Homepage der Guts- und Forstverwaltung Fridau als auch die des friulanischen Weingutes Tacoli-Asquini ziert. Und so haben wir im Zuge unserer Beschäftigung mit dem „Ötscherland" völlig unvermutet eine Beziehung zum Friaul entdeckt.

* * *

Mit dem Dreikönigstag enden die Weihnachtsfeiertage. In der Nacht davor hat es im Mostviertel geschneit. „Bestimmt ist das Ötscherland mit dem Neuschnee heute besonders schön", überlegen wir uns und wollen auch unbedingt noch den Brauch des Dreikönigsritts in Scheibbs sehen. Also brechen wir auf, voller Vorfreude auf die „weiße Pracht". Obwohl wir seit Jahren nicht mehr Ski fahren, möchten wir doch auch einen

Eindruck bekommen, wie die Skigebiete aussehen, die wir im Sommer als ruhige Sommerfrischeorte kennengelernt haben. Am Weg hin tönt ein „Frühschoppen" aus dem Autoradio, den der ORF Niederösterreich aus Lackenhof am Ötscher überträgt. Als wir selbst dort ankommen, herrscht im „Ötscher-Treff" bei der Talstation des Eibenkogl-Lifts noch Frühschoppen-Gaudi, heftig befeuert von den aufspielenden „Ötscherland-Buam". Auch auf den Pisten ist viel los. Die Parkplätze sind voll, viele Tagesausflügler aus Wien, Ungarn, der Slowakei und Tschechien genießen den Skitag hier. Bei den anderen Liftgebieten im Ötscherland, zum Beispiel in Annaberg oder beim Turmkogel in Puchenstuben, wird es wohl nicht anders sein. Ein wenig blinzelt die Sonne heraus, aber am Ötscher schiebt sich eine dicke Wolkenhaube hin und her. Egal, die winterliche Märchenlandschaft glitzert prächtig.

Auch in Scheibbs ist das Ambiente winterlich geworden. Auf der Erlauf macht ein einsamer Schwan Nachmittagskosmetik. Noch ist der Ort ziemlich leer. Aber gegen 17 Uhr wird es bei der Klosterkirche lebendig. Hier sammeln sich die Teilnehmer des Dreikönigsritts. 1947 riefen Alois, August und Hans Krenn diese Tradition ins Leben. Seit 1993 ziehen nun deren Söhne Alois, Andreas und Klemens Krenn hoch zu Ross als die Heiligen Drei Könige Kaspar, Melchior und Balthasar durch die Stadt. Sie werden begleitet von drei Gabenträgern mit Gold, Weihrauch und Myrrhe, einem Sternträger, zwei Fanfarenbläsern und vielen als Hirten verkleideten Kindern. Sie halten auf ihrem Weg fünf Mal inne. Eine Trompetenfanfare ertönt, „Mir san di drei König

aus dem Morgenland", wird dann gesungen. Der Zug mündet in der Pfarrkirche. Dort wird mit dem Pfarrer bei der schönen alten Krippe aus dem 19. Jahrhundert noch eine stimmungsvolle Andacht gehalten. „Schlaf wohl", ertönt es, ehe draußen vor der Kirche aus den Heiligen Drei Königen und ihren Begleitern wieder ganz normale Scheibbser Bürger werden. Bis zum nächsten Jahr.

INFORMATIONEN

Skifahren im Ötscherland
www.oetscher.at
www.annabergerlifte.at
www.puchenstuben.at/wintertourismus/
turmkogellifte
www.lunz.at
www.mariazell-buergeralpe.at
www.gemeindealpe.at

Mariazeller Advent:
Tourismusverband Mariazeller Land
Hauptplatz 13
8630 Mariazell
Tel.: +43-3882-2366
E-Mail: tourismus@mariazell.info.at
www.mariazeller-advent.at

Adventmarkt Gaming:
Kartause Gaming
Kartause 1
3292 Gaming
Tel.: +43-7485-98466
E-Mail: office@kartause-gaming.at
www.kartause-gaming.at

Guts- und Forstverwaltung Fridau
3200 Ober-Grafendorf
Tel.: +43-2747-2311
E-Mail: office@tacoli.com
www.tacoli.com

Organisation Dreikönigsritt Scheibbs
Dreikönigsweg 3
3270 Scheibbs
Tel. Andreas Krenn:+43-7482-9025/38554

oder:

Kultur- und Gästeservice Stadtgemeinde
Scheibbs
Tel.: +43-7482-4251163
E-Mail: kulturservice@scheibbs.com
www.scheibbs.gv.at

Rezeptverzeichnis

Ortsverzeichnis

LINZ

Amstetten

Ybbs

Randegg

Gresten

Waidhofen / Ybbs

Ybbsitz

Plankenstein

YBBSTAL

Lunz am See

Schneekogel 1373 m

Göstling a. d. Ybbs

Erlebniswelt Mendlingtal

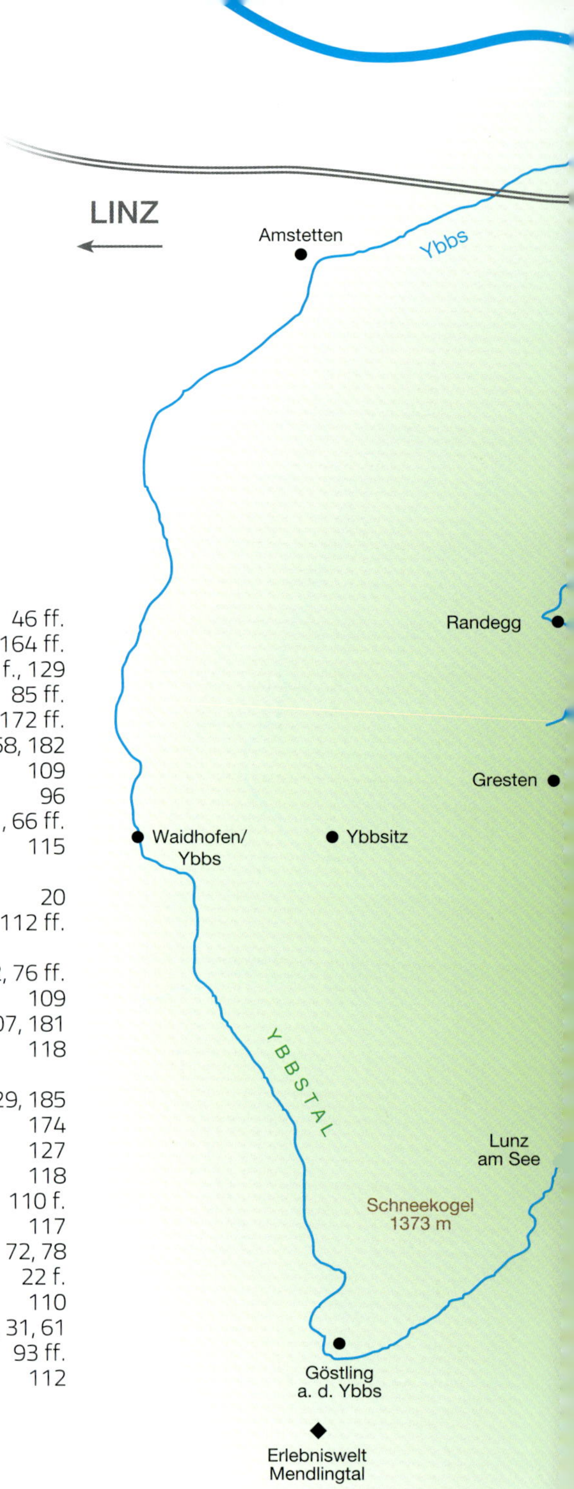

Gib Dir die Wilde Ruhe!

Geführte und individuelle Expeditionen in die Ötschergräben und die Tormäuer: ab Naturparkzentrum **Ötscher-Basis** Wienerbruck mit Restaurant, Seeterrasse, Naturparkshop. Das **Schutzhaus Vorderötscher** – 2014 komplett, aber sanft renoviert, regionale Kulinarik, 8 Doppelzimmer plus Matrazenlager; ein origineller Platz für Firmenfeiern und private Feste; nur zu Fuß erreichbar. **Erlebnisdorf Sulzbichl**: sieben einfache Stelzenhäuser mit Grillplatz und zentraler Versorgungshütte, Lagerfeuerromantik für Vereine, Betriebsausflüge und Schulklassen – Abenteuer unter dem Sternenhimmel!

www.naturpark-oetscher.at